真正的勤奋，是做选择

鹤老师

鹤老师说经济

揭开财富自由的底层逻辑

鹤老师 著

Economics Notes
from Mr.He

北京联合出版公司

图书在版编目（CIP）数据

鹤老师说经济：揭开财富自由的底层逻辑 / 鹤老师著. -- 北京：北京联合出版公司，2021.10
ISBN 978-7-5596-5591-2

Ⅰ.①鹤… Ⅱ.①鹤… Ⅲ.①经济学—通俗读物 Ⅳ.①F0-49

中国版本图书馆CIP数据核字（2021）第194846号

鹤老师说经济：揭开财富自由的底层逻辑

作　　者：鹤老师
出 品 人：赵红仕
责任编辑：徐　樟

北京联合出版公司出版
（北京市西城区德外大街83号楼9层　100088）
三河市中晟雅豪印务有限公司　新华书店经销
字数184千字　880毫米×1230毫米　1/32　10.25印张
2021年10月第1版　2021年10月第1次印刷
ISBN 978-7-5596-5591-2
定价：65.00元

版权所有，侵权必究
未经许可，不得以任何方式复制或抄袭本书部分或全部内容
本书若有质量问题，请与本公司图书销售中心联系调换。电话：（010）82069336

线性递增无法产生量级的碾压，想要财务自由，仅仅依靠勤奋一点、早起一点，断无可能。

序·言
PROLOGUE

为什么有些人读了这么多书,却依然过不好这一生?

因为他们接触的都不是真正的知识。

"你看,我会弹这么多曲子。"

"你看,我把 GRE 单词全拿下了。"

"你看,我两天一本书,今年又读了 172 本。"

"你看,我考了这么多证,这么厚,全是我的。"

这些重要吗?

重要,任何一类知识,都是千百年的传承,是人类智慧的结晶。

但是,对你而言,它是不是最重要的?

不是,因为这些都是术的层面,是细枝末节。

对个人而言,真正的知识,是框架,是把杂乱的无机物组成有机物,是简单的单细胞构成高级生命体,是把零碎的信息组成

体系，构成自己的世界观、人生观、价值观。

真正的知识，绝对不是静止地堆在那里。

但是有太多的人，他们把信息当知识，把数字当成就，把阅读当思考，把存储当掌握。

你要是真掌握了知识，是不可能过不好这一生的。

除非你拿的说明书是错的，但你自己不知道。

人生最重要的，是做选择。

而选择，就要判断对错，计算得失，这就需要你有极清晰的底层框架，才能在纷繁复杂的表象中，做出准确的判断。

就像物理定律，苹果从树上掉下来，因为万有引力，月亮在天上掉不下来，也是因为万有引力。

看似相反的两个事情，实际是一回事，只是速度不同而已。

但如果你只关注细枝末节，就会觉得它们毫不相干。

大多数人的知识结构是有问题的，他们不分对错，总是觉得A也对，B也对，C也有道理，这样的结果就是，等到做选择的时候，他不知道该怎么办了。

为什么现实中有人侃侃而谈，感觉什么都懂，但就是一事无成？因为他不下注啊！

观察那些极度成功的人，你会发现他们有一个共同的特点：敢拿自己的全部资源，去押注那件他认为对的事情。

不动摇，不退缩，坚毅笃定，一路向前，甚至没有时间和别人争辩。

这才是拉开差距的关键。

大家都没有三头六臂，都是碳基生物，都只有24小时，肉体的差异很小。唯一能拉开层级的，只有选择。

想做对选择，就得有清晰的底层框架。

比如你可以尝试回答这两个问题：

1. 该不该乱扔垃圾？

你可能觉得不该，可是有人乱扔垃圾，然后对清洁工说："我不乱扔，你不就失业了？你能有今天的工作，你应该感谢我。"如果你隐隐觉得不对，好，请问哪里有问题？

2. 该不该勤俭节约？

勤俭节约是美德，可如果每个人都勤俭节约，那消费的东西不就少了很多，很多商家不就倒闭了？生产的东西卖不出去，堆积成山怎么办？好，请问哪里有问题？

如果你的回答是"既应该这样也应该这样"，那就等于没说。

人生最没有价值的，是正确而无用的废话。

如果没有明确的答案，那你需要这本书。

在很多人关心的热点方面，我也写了很多文章：

理财金融方面：小额贷款的利率到底有什么陷阱？为什么普

通人的财富自由是个悖论？为什么复利永远不可能让你致富？为什么有的公司市值千亿却拿不出来十个亿？既然股市上涨的时候大家都赚钱，那亏钱的人去哪里了？

商业逻辑方面：国美当年凭借物美价廉就崛起了，那对手为什么不跟进？明星明明有这么多粉丝，为什么很多人一带货就翻车？为什么山寨币无论涨跌都不能碰？直播带货的未来在哪儿？普通人想做直播带货的机会在哪儿？

房产实操方面：年轻人第一套房要注意什么？房产证该写几个人的名字？既然房贷利息这么多，那到底要不要贷款买房？既然公寓便宜不限购，年轻人能不能先买来住？为什么长租公寓频繁爆雷，哪里出问题了？什么时候还清房贷最合适？

如果这些问题你没有明确笃定的答案，你需要这本书。

认知是如此地重要，一旦出错，人生就会偏航，辛苦无比却回报寥寥。

很多人抱怨，为什么他什么都没做，光买了一套房，就超过我这么多。

真正的答案是：买房不值钱，知道买还是不买，知道该买哪里，知道要买而且敢用一辈子积蓄下注，才是他超出你的关键。

"买"这动作，是不值钱的，也就值500元的跑腿费。

你现在觉得羡慕，可当时你也可以买呀，为什么没买？

人生最重要的,是做选择。

世界上大多数事情,在选择的那一瞬间,就已经注定了结局,后面再多努力,无非就是修修补补。

就像这本书。

买?

还是不买?

目录 CONTENTS

第一章

认知思维：
思维高度决定人生高度

成长要从怀疑开始	…002
普通人的财富悖论	…005
粽子为何得是甜的	…008
世界并非双眼所见	…011
如何避免被割韭菜	…015
从来没有阶层固化	…018
读书万卷为何无用	…021
穷人永远穷的真相	…024
草根一族的玻璃心	…027

理财最失败的典型　　　　　　　…030

不能输在起跑线上　　　　　　　…033

细节错误与框架错误　　　　　　…036

飞来横财该怎么办　　　　　　　…039

为什么赚钱这么难　　　　　　　…042

最关键的 0.01　　　　　　　　　…045

穷人如何逆天改命　　　　　　　…048

学习工具买最贵的　　　　　　　…053

第二章

拆解现象：
看懂身边的经济学

钻石为何要永流传	…060
恋爱与经济学原理	…064
被动失业是伪命题	…068
求职中的学历尴尬	…070
失业到底有无损失	…074
刚需到底有多刚	…077
免费的代价	…080
什么才是真正的节约	…083
极度节俭是好事吗	…088
怎样把药价打下来	…092

水为什么比房子便宜	…095
消灭杨絮为什么难	…098
为何不去沙漠取沙	…101
奶农倒奶谁吃亏了	…103
外卖平台的高佣金	…106
价格是一盏信号灯	…108
我不乱扔你就失业	…110
第一名的定价权	…113
直播带货有何价值	…116
经济学不看贫富，只看交易	…119

第三章

金融理财：
如何避免成为韭菜

越穷就越不要理财	…126
怎么识破投资骗局	…129
鸡蛋该放几个篮子	…132
理财是个近景魔术	…136
日赚600元的兼职真相	…139
期货到底什么意思	…142
什么是价格的深度	…145
数字货币和区块链	…148
亏钱的人去哪里了	…151

什么是真正的增长	…154
回报率的正确算法	…156
反直觉的真实利率	…161
"庞氏骗局"如何设局	…166
什么叫 M0、M1、M2	…170
CPI 为负是什么意思	…173
LPR 到底是什么	…175
对冲到底是什么意思	…179
等额本息实际利率	…181

第四章

商业逻辑：
被忽略的核心权重

消费者到底要什么	…188
魔鬼客户的隐形成本	…191
那帮猴子是不是傻	…194
商业不是田螺姑娘	…197
光刻巨头缘何崛起	…200
竞争对手干吗去了	…203
一百亿元为何不够花	…206
物美价廉为何没用	…208
半份菜不是半价菜	…210
拙劣骗术为何得逞	…213
山寨币无论涨跌都别碰	…216

如何反推外卖规则	…219
社区菜贩该怎么办	…222
商学院的考试题	…225
关于加班那些问题	…228
明星为何带不动货	…232
怎样减少退货差评	…235
互联网为什么寡头多	…238
直播带货未来在哪儿	…241
上帝视角参透规则	…245
商业丛林法则	…249

第五章

房产实操：
买房避坑的实用指南

年轻人的第一套房	…254
房贷利息等同本金	…257
公摊面积怎么回事	…261
公寓自住有哪些坑	…264
长租公寓为何爆雷	…268
房产证该写几个人	…271
选房的重点是什么	…276

买房子的十个误区	…279
买房时应警惕的幻觉	…283
要不要全款买房	…288
买房远离九种类型	…293
房子买错了怎么办	…298
房东跳价该怎么办	…301
提前还款最佳时间	…304

第一章

认知思维

思维高度
决定人生高度

成长要从怀疑开始

世界上最大的讽刺就是，那些骂加班的文章全部都是加班写出来的。

下午4:50了，还有10分钟就要下班了，突然冒出来一则关于加班的新闻。哎呀，不行，怎么可以这样呢？我得赶紧加班骂一下。你以为你看到的那些文章，那些随手打开的视频，都是他顺手写出来的吗？当然不是，人家是要熬夜来创作的。

要知道，每一个爆款都意味着争分夺秒，意味着精益求精，意味着和时间赛跑，慢一点点都不行。从发现热点，到整理素材，到写作校对，再到拍摄剪辑，一切都要快，最好能再快一点。绝对不能说出现一个热点，哎呀，不好意思，我要下班了，明天再跟吧。所以，很多时候他们会拍摄到半夜，再剪辑到凌晨三四点，就为了让你早上一打开手机就能看到。

他们这么辛苦地加班，就是为了帮你骂加班的，我没有见过比这个更嘲讽的了。什么叫被操控而不自知？这就是。但是很多人不在乎，他们总觉得加班是世界上最大的苦，他们总觉得世界是一道算术题，他们总觉得通过加班可以搞定一切。

这个认知的漏洞在于，他一辈子只见过加班的辛苦，从来不知道更高阶的辛苦是什么样。你告诉他资金链断裂、一夜之间愁白了头是什么感觉，他不知道；你告诉他孤立无援、车里哭完跟家人笑着说公司都好是什么感觉，他不知道；你告诉他破釜沉舟，前一秒谈好的投资，对方突然反悔，站在天桥上往下看是什么感觉，他不知道。

他们总觉得老板风光无限，可以为所欲为。可经济学中有个词叫"无风险套利"，就是任何有利差的地方一定会被拉平的，这个是铁律，就好像水往低处流一样。开网约车挣钱多，然后对手涌入，利润拉平。送外卖挣钱多，然后对手涌入，利润拉平。

可是当老板赚钱更多，靠加班还能赚到超额回报，那这块利润为什么没有被拉平呢？不要告诉我老板道德高尚，大家都很清楚，那一份利润的背后，有着他们想都不敢想的风险。一分风险一分收益，每一份劳动，都被市场明明白白标注了价格，只是很多人不愿意承认罢了。

没关系，你喜欢什么，就给你看什么。任何靠流量变现的，一定是要满足基数最大的那个群体。你点赞了,他变现了,至于加不加班,根本就不重要。

真正的成长,是从怀疑开始的。

普通人的财富悖论

作为一个普通小白,你是否也想依靠理财来达到财务自由?快来学习吧!

很多导师会这么说,然后告诉你1、2、3步。让我们严谨地思考一下,这句话其实是个悖论,普通人是不可能达到财务自由的。因为财务自由并不只是单纯地指钱,如果只是钱的问题,那好办,一人发一个亿就都自由了,显然这是不对的。事实是,钱只是表象,劳动比率才是本质。

所谓"财务自由",并不是一个数字游戏,而是你做一个小时的工作成果,可以换别人一年的工作成果,劳动互换,才使得你工作几年之后的劳动成果多到可以和别人换一辈子。整个问题的核心在于:如何让你的劳动效率数量级地超过其他人?

问题就出在"普通人"这三个字上,普通人,意味着和别人在同一维度，芸芸众生而已，不可能换取更多的服务，就算效率高一倍，也没有本质区别。大家都用锄头，那无论怎么起早贪黑都无济于事，大家永远拉不开数量级的差别。各种方案、各种调配并没有任何本质区别，无非是水煮鱼多放一勺花椒还是多放一勺麻椒的问题。

线性递增是无法产生量级的碾压的。要达成财务自由只有一个方式，那就是升阶，就是完全跳出当前层级，和周围的同事、同学、亲戚、朋友，彻彻底底、完完全全不一样。别人都在研究长跑技巧的时候，你去研究怎么弄一张机票，才会产生量级的差别。别人都在热衷于9.9元小白理财的时候，你去找一个他们都未知的领域，才会产生效率的碾压。

想要达成财务自由，仅仅是勤奋一点、早起一点，断无可能。哪怕不是财务自由，目标更小一点，更具体一点，比如500万元、1000万元、2000万元，也一定要考虑升阶。而基于现有的方案，仅仅能把月薪从5000元变成6000元，即使拉长100年也只是如此。很多方案之所以流行，就是因为小白相信。有什么样的客户就有什么样的产品，如果用户的视角是线性放大的，那么产品设计就完全不用考虑全要素同步增加，因为他们压根儿不会问这个致命的问题。

孩子们为什么喜欢动画片？因为力量是线性放大的。奥特曼一出拳，半个山头没了。但对于这种事情，成年人了无兴致。真正的财务自由的第一步，并不是急着去学各种概念和操作，而是意识到动画片和现实的差距。所有不考虑升阶的想法，都是绝不可能实现的幻想，再辛苦100年也没有用。学艺不精，可以弥补，而方向错了，越努力，就越危险。

粽子为何得是甜的

粽子为什么得是甜的？不对，明明有咸的啊！很多南方人都吃咸的粽子啊！

好的，那我换一个问题，火锅为什么得是咸的？为什么从来没有甜火锅呢？比如牛奶蜂蜜涮棉花糖。

因为不能那么吃。

可是谁规定的不能那么吃呢？

既然没有人规定，他遵守的到底是什么呢？是习惯，是潜移默化。因为一个人从小就没有见过甜火锅，也从来没有人吃过甜火锅，习惯就变成了结论。公理一般都刻在大脑里，以至于他从来没有想过还有另外一种可能性。

相反，如果他从小到大一直吃的是牛奶涮棉花糖，突然有一天有人端来了一盆九宫格火锅，毛肚鸭血加肥肠，他也一定觉得血淋淋的，接受不了。

很多人从小被教育走路要靠右行，他们的父母、老师、亲戚、朋友也全部靠右行，以至于他们成年之后会天然地认为靠左行是不对的，却又说不出来原因。直到他们去了某海岛国家，才发现原来真的还可以靠左行，哪怕规则相反也完全没有问题。

北方人吃了一辈子咸豆腐脑，去南方发现居然还有加糖的。

南方人吃了一辈子长茄子，去北方发现居然还有圆形的。

我们要表达什么呢？操控。

你觉得理所应当的，有可能是环境刻在大脑里的。

你觉得是发自内心的喜欢，有可能只是从小到大的环境喜欢。

比如，你为什么会看到现在？是因为我故意把粽子说成甜的，我故意设置了几个悬念。每个人每时每刻都在被操纵，只是它如此隐蔽，以至于很多人根本没有意识到。

挖掘机技术哪家强？告诉我第二家。

得了灰指甲，应该用什么？告诉我第二个。

这些"第一家"已经被写到大家的脑子里去了。

很多人深信不疑的独立思考，往往是在环境潜移默化的围栏中行走而已，他们用当事人的手按下按钮，而当事人却浑然不觉，这才是最恐怖的。

普通人接触的每一条间接信息，每一次义愤填膺，每一场泪流满面,可能都是一次被操控。所有的环节,可能都是针对他的弱点精心设计的。

催眠不可怕,不知道在被催眠才可怕。

认知为什么如此重要?因为它可以帮我们更好地看清自己。多一点怀疑精神,多问几个为什么,按下按钮的那一刻,一定要记得回头看一眼。

世界并非双眼所见

世界并非双眼所见,因为眼睛不会思考。

你看到的,不一定就是对的。

比如,闯红灯,责任在谁?

在驾驶员。

如果上班时间闯红灯,责任在谁?

也在驾驶员。

如果昨天晚上12点才下班,今天早上5点开会,闯红灯责任在谁?

在驾驶员。

如果送外卖时间很紧,超时还需要扣分、罚钱,闯红灯责任在谁?

还在驾驶员。

上班确实辛苦，时间也确实紧迫，但赶时间并不是闯红灯的理由。

一个是公司制度，一个是交通法规。

制度不可以逾越法规。

公司可以规定，员工也可以离职。和直觉恰恰相反，你觉得它在想办法克扣你，其实它才是整个市场中给你最高工资的一方。

退后一步思考，世界完全不是那么回事。

为什么公司这么坏？

因为立场错了。公司不分好和坏，只分自愿和非自愿。好坏是一元的标准，而真实世界是多元的。同样一个标准，有的人觉得好，有的人觉得不好。同样一份工作，有人满心欢喜，有人不屑一顾。同样一家卖场，厂家觉得是价格屠夫，消费者觉得是良心商家。

为什么时间苛刻？

因为视角错了。应该倒推：为什么非得有外卖行业？为什么消费者非得点外卖？为什么不能自己煮个面吃？就是因为外卖在用速度和面条厂抢市场，速度越来越快，效率越来越高，点外卖的用户才越来越多。晚几分钟，钱并不会到你的口袋，它只会到面条厂的口袋。

为什么管理苛刻？

因为等价交换。这个世界上，任何一个乙方都在抱怨甲方，之所以还在做，是因为委屈和辛苦折算到价格里了。任何人都可以切换成甲方，去享受乙方的服务，但前提是你得向乙方付费。事实上，有什么样的需求，才会有什么样的服务，并不是公司在要求你，而是消费者在要求你，少一些规则并不会更轻松，有可能公司都没了。

为什么收入下滑？

因为市场经济。你接受市场经济，也得接受市场竞争。你接受高工资，也得接受低工资。你想月薪1万元，别人也想月薪1万元。高收入必然导致高竞争，当同行越来越多，回报就一定越来越低。总收入并没有减少，反而在增加，以前是1个人挣1万元，现在是2个人挣4000元。饼做得更大了，但吃饼的人也更多了。某个人吃得少了，但填饱肚子的人更多了。

为什么没有折中点？

因为不是算术题。真实的世界不是1 + 1 = 2，它不是一个固定的数字，它是千千万万个主观感受，千千万万个消费者在共同博弈。真实的世界里，不存在30分钟是否合适，而是有人觉得一个小时都超级幸福，但有人觉得20分钟都难以接受。

为什么老板经常被认为"坏"？

因为弄错了对手。老板并不是敌人，而是合作伙伴。双方劳动互换，资源互补而已。老板不会说，今天成了一家人，我就养你一辈子；员工也不会说，我和公司共存亡，亏钱拿我房子抵。双方只是在某一个时刻选择了合作而已，不必神化也不必妖魔化。所谓"老板和员工"，本质上是不同的角色分配，一个高风险高收入，一个低风险低收入。所有的因素，都已经折算到价格里了。

眼睛，只能看见当下；思考，才能看见未来。

如何避免被割韭菜

如何避免被割韭菜？牢记三个原则。

第一，等价交换。

遇到任何免费的产品，先想想自己是不是产品的一部分。遇到任何赚钱的机会，先想想自己是不是机会的一部分。商业从来都是等价交换，从来没有天上掉馅饼的事。你有利用的价值，别人才会跟你合作；你有优秀的资源，别人才会愿意与你交换。

如果你一辈子平淡无奇，朝九晚五日复一日，突然有一天遇到一个大哥，愿意带着你挣钱，那你对他唯一的价值就只剩收割了。

第二，利益相关。

任何时候，只要利益相关，可信度就要打一半折扣。你挣不挣钱不重要，你对他有多大的好处才重要。任何人都可以为了利益骗你，尤其是素昧平生的陌生人。不清楚他是不是在骗你怎么办？那就去找他的竞争对手，大家互揭老底，看看谁对谁错。

你看不透他，但对手看得透。

他说"加盟我的鸡排"，你就去别的店里问问他家鸡排有什么问题。他说加盟一本万利，你就去别的行业问问，加盟行业有什么问题。有利益的地方，就一定有竞争。最了解一把镰刀的，是另外一把镰刀。

第三，逻辑自洽。

任何时候，能说服你的唯一方式，是逻辑。而不是地位，不是金钱，也不是名誉。逻辑才是第一位的，不唯心、不唯上、不唯专家、不唯学者，只唯逻辑。哪怕遇到很难接受的观点，也不要断然否定，先记下来，看看逻辑是否自洽，体系是否严谨，自我认知是否能被突破。而绝不是情感大于逻辑，屁股决定脑袋，想听到什么，就愿意相信什么。

人是可以被操控的，正是因为潜意识里觉得有钱就是对的，学历高就是对的，住别墅、开豪车就是对的，才会有人假装专家、冒充学者，弄一大堆"斜杠[1]"头衔，坐在租来的劳斯莱斯里给你指点人生，顺便露一下他价值80万元的劳力士。

---

1 斜杠：原指拥有多重职业和身份的多元生活的人群。

如果不是因为这些弱点存在,人家甚至都懒得去花租车的钱。

对一棵韭菜而言,最危险的,是意识不到自己是棵韭菜。

从来没有阶层固化

阶层从来没有固化,因为跌落太容易了。

富人变穷很容易,穷人变富也很容易,但富人恒富很难很难。

当你的钱很少的时候,翻倍是最快的。推个三轮车卖爆米花,1000元瞬间变3000元。但如果你有1000亿元资产,翻成3000亿元就几乎不可能。因为世界不可以被简单放大,到达一定的程度,原来的体系就会彻底失效。

把蚯蚓放大1万倍,它就会憋死,因为氧气不够。蚯蚓靠皮肤呼吸,体积是按立方米增加的,但皮肤是按平方米增加的。一放大,就少了一个维度,只会导致它的死亡。

赚钱也一样,卖爆米花很容易,1000元变3000元也很容易。可问题就在于,一旦你想扩张,马上就会有"瓶颈"。要么客户不够,要么管理跟不上,要么供应链有问题。

任何一个"瓶颈",都会卡住你。

你如果想翻倍,就得全要素同步翻倍,包括但不限于市场容量、人员管理、资金储备、广告宣传、供应链系统,等等。

之所以"1000元变3000元",只是因为体量太小。任何要素都远没达到"瓶颈",稍微一大,池子就废了。这就是富人经常遇到的问题:装不下。

那我不能蚂蚁搬家,放到几千个小池子里吗?

当然不行。如果一旦分散,你的管理成本就会无限飙升,足以吞噬你所有的利润。

这还只是空间轴,我们再看时间轴。这是一个不停通货膨胀的世界,现金很容易贬值,想保值,就得换成优质的资产。但投资是有风险的,失手就意味着跌落。当年的"万元户",一个投资没做好,秒变"路人甲"。

但是,通货膨胀对穷人是完全不起作用的。因为他没有储蓄,所有资产都是劳动本身,而劳动是不会贬值的,物价上涨,人力也跟着上涨,完全不受影响。

从任何角度上讲,富人都在不停跌落,穷人都在不停上市。

所谓"固化",根本就是懒惰的借口。从来没有富者更富、穷者更穷,永远都是富在勤劳、穷在懒惰。

同样一批年轻人,没资金、没人脉、没背景:有人刷手机、玩游戏,嚷嚷着阶层固化,没有赚钱机会;有人搞直播、学带货,闷声做流量变现,赚得盆满钵满。

把问题都甩给社会,觉得自己没有任何错,不去接受新的思想,不愿击碎固有的执念,这些,才是真正的阶层固化。

读书万卷为何无用

读了这么多书,为什么依然过不好这一生?

因为读书并不能改变命运,它只能改变你的信息量。读书是一种输入性的操作,以前是小学字典,读多了变成新华字典。但只要你没有进一步处理,它就永远是字典,毫无价值。

真正的知识,是有机的体系,而不是信息的杂乱堆积。想把信息转化为知识,就一定要把无机变成有机。而关键点就是"减熵"。

所谓"熵",就是混乱度。

一个报废的停车场,哪怕有再多的轮胎,再多的方向盘,再多的仪表、大灯、离合器,也毫无价值。因为熵没有变化,即混乱度没有变化。

真正有价值的是一辆能开动的车,是各种零件的有机结合,是恰到好处的相互协作。这是一个有生命的系统，零件不再杂乱无章、随机堆叠，而是相互配合、各司其职。

从零件到汽车，是质的变化，这个就是所谓"减熵"。而减熵，是极度耗能的，重量仅 2% 的大脑却耗能 20%，就是用来减熵的。存储是不值钱的，硬盘也能做到。但是很多人把存储放到了第一位，他们不停地搜集各种碎片，却从来没有搭起框架。他们有各种仪表、轮胎、离合器、变速箱，却从来没有尝试着组装过。

一旦他们开始组装，就会发现难度大了几个数量级。他们会发现很多东西是矛盾的，有的轮胎安不上轮毂，有的发动机不匹配变速箱，很多东西看上去有用，装起来才发现是可以扔掉的。在组装的过程中，他们会一遍一遍地失败，然后一遍一遍地重来，然后逐渐理解发动机总成、变速箱总成，前后桥和车架之间的关系，最终才能拼成一台可以开动的车。

这就是体系的形成过程，也是知识最重要的地方。

碎片化的知识尽管会让人眼前一亮、若有所得，可只要你一组装，就会发现很多都是垃圾。比如同一件事，成功了叫力排众议，是哲理小故事；失败了叫一意孤行，也是哲理小故事。可你真正需要的，其实是独立判断出什么时候应该力排众议，什么时候可以集思广益，并且敢为你的错误承担所有后果。

这才是体系的作用。

读书不能改变命运，同样的书，你读过，别人也读过。

想和别人不一样，就必须自己摸索体系，唯有体系，才能真正改变命运。

穷人永远穷的真相

穷人为什么会穷？有一个节目揭露了真相，他们让富豪去体验底层的生活。

最开始这些富豪一致认为：只要有能力就不会一直待在底层。但是体验几天后，他们发现自己被打脸了，原来他们所有的精力全都浪费在了一日三餐上面。仅仅为了吃饱饭就得忙碌一天，疲惫不堪、斗志全无。最后他们不得不承认一个真相：底层的人并不是不努力，而是为了生活疲于奔命，根本没有时间谋划未来。

但凡一个视频播主，都会给你讲到这里。你擦擦眼泪，他赚一个点击量，他好你也好。但我们不一样，我们要讲2.0版本的。坐稳了。

第一个问题：为什么会有这样的节目？

为什么他会做一个这样的节目让你看？因为收视率，因为穷人多富人少。因为穷人喜欢看：我没有钱，不是因为我不努力，而是因为环境实在太差。

为什么肥皂剧里的霸道总裁无一例外会爱上前台小妹？因为只有类似这样的草根女主角才有时间看这种剧情。它的受众里，根本就没有霸道总裁。

受众是一个金字塔结构，话题越低、越底层，共鸣就越多，收视率就越好。所有的收视率都有一个天然的弊端，它是没有权重区分的。歌唱得再好，帕瓦罗蒂也只有一票；文章写得再好，春上村树也只能点一个赞。

媒体最终的结果一定是：让基数最大的那个群体开心。这帮人喜欢看什么，我就做什么。大部分媒体都是要盈利的，要挣钱的，要吃饭的，要养活一帮人的。

为什么你会相信商人会坑你，却不相信同样是商人的媒体会坑你呢？

最大的坑，是你根本不知道自己在坑里面。

第二个问题：富人从哪儿来的？

既然没有人出生的时候自带一个存款本，那第一批富人是从哪儿来的？

大家都是一穷二白的，都在一个村子长大，都是流着鼻涕吃着烤土豆的，别人是怎么乌鸡变凤凰的呢？

因为总有一些穷人更坚韧、更自律、更奋发图强、更敢于冒险。

别人收工回家倒头就睡的时候,他在思考;别人一天到晚机械劳作的时候,他在思考;别人守着一亩三分地小富即安的时候,他在思考。他在找一条别人从来没有走过的路,一条不知道是对是错的路,一条可能会家破人亡、粉身碎骨的路。然后他咬咬牙,还真的上路了。

弱者总以为别人在欺负自己,总以为他错过了最好的时代,总以为富人年轻的时候遍地是黄金。乱世的时候,他说饭都吃不饱,怎么能变富?盛世的时候,他说钱都被抢完了,怎么能变富?

你知道当年那些下海经商的都是什么人吗?

都是那些边缘化的人,那些待业在家、穷得活不下去的人。

没到这个地步的人全在好单位,全在挤破脑袋去分房子、去搞编制、去抢铁饭碗,但凡有点身份,都不至于去路边卖茶叶蛋。

那个时候做生意不像今天,你想开个服装厂,布料你买不到,机器你也买不到,有卖的你也买不起。要买你就得卖房,因为没有银行敢给你贷款。一共就那么点家底,万一赔了,一家人吃饭的事情怎么办?孩子上学怎么办?父母养老怎么办?

创业,从来都是勇敢者的游戏。

你嫌自己装备不好,可装备从来都不是免费的,装备,是要拼命换的。

不敢拼命换,就不要去抱怨不公平。

草根一族的玻璃心

世界上最大的幻觉就是你觉得你在独立思考,实际上只是别人在陪你做游戏。

比如"性价比"这个词。

为什么有人喜欢性价比高的东西?因为他们觉得自己懂,不在没必要的地方花冤枉钱。

不对。

你得想一想,是谁提出了这个词?商家啊!

正是因为你没有钱,商家为了卖东西给你,想方设法照顾你的自尊心,才硬生生造出了"性价比"这个词。他反复跟你强调,你不买贵的,可不是因为没有钱,而是因为你比别人更懂啊。玻璃心很脆弱的,看破不说破,哪里需要揉哪里,这才是顶级的营销技巧。仔细想一想,你为什么有精力研究性价比?因为你的时间不值钱啊。否则你就不会把精力花在研究产品上。

商家跟你说，你才是最懂行的，他们都人傻钱多。

你看，同样一款车型，多了个真皮座椅，居然要加10万元。同样的手机配置，只是换了个品牌，居然要贵一倍。

这不是傻是什么？

不对，一个人要是真傻，他就不会钱多。他之所以有钱，就是因为他比你聪明、比你坚韧、比你能吃苦、比你有远见，否则他就不可能成为富人。你觉得他傻，只是因为你看不懂而已，你视野不够开阔，你时间成本不够大。

你需要一个理由把一切合理化，商家就帮你找一个。

你需要一个以自我为中心的幻觉，商家就帮你营造一个。

有什么样的受众，就会有什么样的产品。

为什么肥皂剧中的霸道总裁一定要娶草根女主角，哪怕她再懒、再笨、再无礼？因为她们在现实中的自尊已经脆弱到经不起一丝一毫的风浪了。

为什么美国大片都是草根拯救世界，半生平淡碌碌无为，突然被蜘蛛咬了一口，马上拥有了超能力，行侠仗义万人敬仰？因为每一个草根都觉得，他和超人之间就差一个机会。

每一个情节、每一段对话、每一帧画面，都是精心设计的，让人陷入幻觉而不自知。

偶尔戳破幻觉，看了一眼真实的世界，他们居然还生气了。

商家连连道歉：您就是我们的一切，没有您我什么都不是。您不是草根，您只是在通往伟大的路上。您不是没有钱，您只是比其他人更懂产品。

越是草根，就越脆弱，就越在乎别人的看法，就越相信自我幻觉，就越难以逃开这个坑。

敢于扔掉玻璃心，才是成长的第一步。

理财最失败的典型

有一个视频值100万元,它就说了一个问题:理财最失败的典型是谁?是你我父母的固化思维。

这不是歧视父母,他们非常爱我们,我们也非常爱他们,但你得尊重事实。你仔细想想,他们理了一辈子的财,最后怎么样了。

他们几十年来节衣缩食、省吃俭用,最后只有一套单位的老房子。他们干了一辈子,拿到的退休金甚至都没有你工作五六年赚得多。他们所谓的"理财",根本就是自欺欺人而已。

如果你不想和你的父母一样,你不想重复他们的活法,不想辛辛苦苦一辈子到最后居然两手空空,那你就绝对不要走他们的老路。简单来说,他们干了什么事,你就绝对不要干。他们把钱存银行吃利息,那你就绝对不要存;他们买股票、买基金,那你就绝对不要买。

所有课程里面带有"理财"两个字的,直接拉入黑名单;所有教你把钱分成三份,一份干这,一份干那的,直接拉入黑名单。

"理财",是不可能让你变富的。因为所有的理财都在犯一个致命的错误:他让你拿纸币资产去追实物资产,你是不可能追上的。年化收益5%,就已经不能保证安全性了,可物价不会一年只涨5%啊!

30年前的馒头多少钱一个?30年前的西瓜多少钱一个?离家最近的牛肉面馆,两年前牛肉面12元一碗,现在25元一碗,你的工资两年翻一倍吗?

永远记住这句话:你用纸币去追实物,你就永远追不上,因为劳动力回报不可能追上资本回报。

这是经济学的铁律,不以人的意志为转移。

理财专家手把手教你跑步技巧,告诉你怎么热身、怎么呼吸、怎么送髋,可唯一没告诉你的是,你要追的是高铁。想追上,你就得改变策略,就得拿实物资产追实物资产,你得以物换物。

比如,你买一万个西瓜,物价涨,西瓜也涨,想买什么,就拿西瓜换,你就不吃亏。

可这里面有个大问题:绝大部分商品是有保质期的,它会腐烂,它有保存成本。这个成本是很致命的,它会远远覆盖你的收益。

那最关键的问题来了:有没有那么一个商品,是足够稀缺、足够保值,又不会腐烂、不用保存,还能顺便给你带来额外收益的?

有,房产。一、二线城市的核心房产。它完美符合这几个要点:

第一,足够保值。稀缺位置无法复制。第二,不会腐烂。钢筋水泥没有保质期。第三,有额外收益。每年会有租金回报。

这么多的城市,一、二线城市只有那么几个;这么大的面积,核心地带只有那一点。每年都有人持续涌入,每个人都想要更好的工作、更好的教育、更好的商业、更好的医疗。

请问该分给谁?请问该怎么分?

唯一公平的排序,就是价格。

只有大城市的核心房产,才是真正的硬通货,硬得不能再硬的硬通货。

不要相信任何理财专家,买一套核心房产,就足以秒杀99%的无知者。

不能输在起跑线上

不能输在起跑线上,你孩子有的,我孩子也得有。

可问题是,这么拼下去的话,不就变成军备竞赛了?

你学奥数,我也学奥数;你学英语,我也学英语;你周末补课,我也周末补课……这样下去,什么时候是个头啊?参加,怕孩子太辛苦;不参加,又怕孩子落后了。

到底该怎么办?

不要问我,问问那些拼命给孩子补课的家长。就问他一个问题:"你孩子要是15岁就把博士给读完了,下一步该干吗呢?""不知道,还没想过呢。"

很多家长的问题在于他们的思维是线性的,认知也是线性的。他们一辈子只见过步兵,从来没有见过更高级别的兵种,从来不知道有更高级别的武力压制,从来不知道两国交战不是靠拼步兵数量的。

在家长的世界里,"打仗"就是靠人多。你派出一万人,那我就派出两万人;你派出两万人,那我就派出三万人。

你问,人都招完了该怎么办?他不知道。

你问,遇到更高级别的兵种怎么办?他也不知道。

这叫什么?这叫用战术的勤奋掩盖战略的懒惰。家长用孩子的辛苦去给自己的焦虑买单,他看着孩子在埋头补习,看着满满的时间表,会有一种莫名的安全感。

至于学会了之后干吗,他不知道,他也从来没想过。

在这样的家长的概念里,从来没有激光制导这么一说,他所有的拼命、所有的操练,都是在冷兵器的级别徘徊。他不知道还有更大的世界,也一辈子没有见过更大的世界。

你问,这样的竞赛,要不要参加?

人生是个长途比赛,输赢从来都不在于抢跑的那零点几秒,而是在最关键的时候,在最重要的十字路口,搭上汽车、坐上高铁、换乘飞机。只有模式的切换,只有策略的升级,只有层级的碾压,才能让孩子脱颖而出,绝对不是靠补课。

能批量传授的知识,都没有什么价值。

学会外语不重要,学会钢琴不重要,这些统统是一项技能,它只是"术"的级别,是只要你肯花时间、花精力就能提升的。

你只要花时间学钢琴，琴技就能提高；你只要花时间学外语，外语就能提高，一点都不难。

真正难的是选择、是判断、是知道应该学什么，知道应该去哪个城市，知道应该做什么行业，知道应该抓住什么红利。

那些站在财富顶端的人，从来都不是靠小时候抢跑了几步，而是靠足够的积淀、足够的见识、足够的想象力、足够的分析和思考，才把握了人生最关键的几次换乘。

认清这个世界，才是人生一等一的大事。

如果你有能力，那就言传身教；如果你没有能力，那就不要束缚孩子的想象力。不要用你的认知去引导他认识这个世界。最关键的那几步，一定是要他自己去完成的。

你越是让他补课，他就越没有时间思考；你越是让他抢跑，他就越容易错过列车；你越是觉得为他好，他活得就可能越辛苦。

细节错误与框架错误

不犯错那还叫年轻人吗？这话没错，但你要知道错误是分两种的：一种是细节性错误，一种是框架性错误。

细节错误随便犯，没关系，年轻人就是要多踩坑、多犯错，多摔一摔跟头，多被社会抽一抽耳光，身心才会更健康。可是框架性的错误，绝对不能犯，人生就那么两三次转折性的机会，你犯一次错，基本就没戏了。

遗憾的是，很多人明明犯的是框架性错误，居然一无所知，然后他们花了一辈子的精力，去修复里面的细节错误。

为什么情感节目这么火？因为她找老公的时候不用心，稀里糊涂找了一个，框架就已经定下来了。然后她花了一辈子的时间去维护夫妻关系，去维护婆媳关系，去协调工作和生活，去不停地完善自己，去尝试理解对方，去改善沟通技巧。

不好意思，她再怎么修复都没用，因为她找错人了。

为什么职场鸡汤这么火？因为他找工作的时候不用心，根本不知道自己适合什么，就赶紧定了一个，然后他在一个错误的环境、错误的领导、错误的同事之间试图做正确的事情，努力迎合老板的喜好，努力维护同事关系，艰难地平衡上下级关系。

不好意思，他再怎么努力都没用，因为他找错工作了。

为什么很多人觉得创业很辛苦？获客成本[1]居高不下，人员管理有心无力，市场开拓无比艰难，客户关系一团乱麻，每天心力交瘁，日夜煎熬看不到希望。这是因为他们选错行业了。有那么多躺赚的行业，他们不做，他们去开奶茶店，去开加盟店，去开咖啡厅。这要是不亏钱，天理都难容啊！

框架一旦出错，再怎么努力，都过不好这一生的。

你说，我很辛苦。对不起，那不叫辛苦，那叫自我麻痹，自我安慰。你越修复就越修复不好，越修复不好，就越希望有鸡汤可以拯救你，这些卖鸡汤的就会越赚钱。

但凡不如意，但凡很辛苦，一定别着急解决，一定要先想一想，是不是从一开始框架就搭错了。

框架才是一等一的重要，无数人受限于自己的理解和专业水

---

1 获客成本：就是获得客户、获取客户的成本，是评价是否长期可持续增长的关键指标之一。

平，所以特别喜欢关注细节。

"桥水"的创始人瑞达利欧很牛吧？但是他去复盘中国的崛起时，他说，如果由我来做的话，我会把这个中心放到三角债[1]和货币政策上……可是，这根本不是关键。中国之所以能崛起，不是因为三角债解决得好，而是因为搭建了正确的框架，有了正确的龙骨框架，你才能做正确的细枝末节。

可是，框架之伟大，普通人根本看不到。

永远记得框架比细节重要1万倍；永远要感激教会你搭建框架的那个人；永远不要犯框架性的错误。

---

[1] 三角债：是人们对企业之间超过托收承付期或约定付款期应当付而未付的拖欠货款的俗称，是企业之间拖欠货款形成的连锁债务关系。

飞来横财该怎么办

30岁之前大发横财怎么办？家里拆迁，分了300万元；买个彩票，中了500万元；创办公司，套现1000万元……

突然拿到这么一大笔钱，应该怎么办？

是做点理财，还是买点股票呢？

正确答案是：放在那儿别动，就存银行，定期，三年都别动。

这三年你什么都别管，不要管利息多少，不要管它有没有贬值，这些细节统统都不重要。重要的是你不能碰它，你要忘了它，就当它不存在。

你为什么能够得到这笔横财？大多数都是靠运气的。一个20多岁的人，没有人生阅历，没有见过世面，看不透规则，看不懂人性，心高气傲目空一切，觉得自己无所不能，一不留神就会摔一个大跟头。

很多人自控力如此之弱，完全没有经过任何考验，对社会险恶一无所知，对美女毫无抵抗力，对豪车念念不忘，对各种新鲜而刺激的东西着迷，看着别人挣钱，就想赶紧投进去翻倍。

永远记住那句话：认知最终一定和财富相匹配。如果你的财富高于认知，那这个世界会不停地收割你，通过不停地博弈，使得你的能力匹配财富。之前碰到多少好运气，之后就要摔上多少跟头，没有人可以摆脱这个魔咒。

你说，我一定要摆脱怎么办？

答案是：按下暂停键，我不玩了。我知道我能力不够，我知道我会被收割，但是不好意思，我不玩了。我知道一直打牌会输，我赢一把就走行不行？

千万不要小看这个"暂停键"，能做到这件事情是极度困难的。一个人最大的敌人就是自己，最困难的是自控，只要有足够的自控力，一个人几乎可以做成任何事情。

自控这件事，从来没有几个人能真正做到，但正是因为别人做不到、你做得到，你才配拥有那笔财富。

好，那暂停的这段时间你去干吗呢？

你去看书，你去学习，你去最大的城市，你去接触顶级的人，你去尝试着理解真正的世界,你去MVP[1]小步快跑、快速试错,你去用尽量多的小跟头来理解和参悟这个世界。

不要停,继续!

战战兢兢、如履薄冰,拼命学习、拼命积累。

什么时候你觉得自己之前是个白痴,你回顾过去的创业时倒吸一口凉气,你觉得在有些事情上想抽自己一巴掌,你觉得那笔钱当年真不该让你挣,你觉得之前喜欢的东西如此庸俗肤浅,那么,恭喜你,这时你可以动这笔钱了,它会翻100倍。

1　MVP:是一种产品理论,即"最简可行化分析"。

为什么赚钱这么难

为什么赚钱这么难?因为你太想赚钱了,你太希望能赚钱了,你满脑子都是钱,太急功近利了。

你从头到尾都在追求一个确定的东西,那就是:到底做什么能赚钱。这就像在追求一个按钮,按一下,马上就能变富。

比如,有人问我:"今年干啥能赚钱?"

抱歉,如果你是这样思考问题的,那就干什么都挣不到钱。

世界上能赚到钱的事一定是不确定的,世界上能赚到大钱的事一定是极度不确定的。只有不确定性才能帮你把对手拦在门外,只有不确定能不能赚到钱,才能帮你淘汰掉最多的同行,让你独享那一份红利。

很多人热衷于考证,热衷于在各个方面提升自己,如学会计、学英语。

这些不是不好,但它有一个问题:它是确定的。也就是说,每个人都知道它好,每个人都知道学了它有用。那就一定会引来无数对手,一直到把利润给你拉平。

很多家长给孩子报班也是这个道理。你仔细看,所有东西都是确定的,是可以量化的,是可以看得见的:钢琴提升,看得见;数学提升,看得见;舞蹈提升,看得见。

但你说,我的人生观、价值观和世界观提升了,怎么看?没法看。

很多人会问这样一个问题:文史哲有什么用?因为看上去不挣钱,不能吃、不能喝、不能变现,所以好像学了没什么用。

但这个世界上真正能改变命运的,恰恰是那些看起来没有什么用的知识,那些你学了之后不清楚短时间内有什么回报的知识。只有这种长远的、不急功近利的、不只图眼前的、不确定好不好的知识,才能让你甩开大多数对手,才能让你摸清楚规则之后再同场竞技,才能让你在框架的层级上几十倍、几百倍地超过对手。

而经济学,就是底层的框架。

小到一个人,大到一个国家,方方面面拆开了看,无非就是代价换收益。

如何用最小的代价达到最大的收益,才是大智慧。

很多人的努力,是走一步看一步的努力,是什么有用学什么的努力。他们无比精明,自认为从来不在没用的地方花精力。但恰恰是这种精明误导了他们,死死地盯着脚下,生怕走错一步,却在大是大非的人生路口无脑前行。苦行半生,两手空空。

人生,最重要的是判断方向、判断对错,并且敢用全身的力量去押注大势。

你说,我很厉害。

好,那你敢不敢押呀?

为什么不敢?因为你不懂。

为什么不懂?因为你不学。

为什么不学?因为你不知道学了有没有用。

所谓"肉体的勤奋""生活的艰辛",更多的是逃避选择的借口——我这么勤奋,还赚不到钱,一定是这个社会错了。

为什么赚钱这么难?因为很多人根本不懂要在最关键的地方努力。

最关键的 0.01

知识应该是免费分享的,这是很多人最喜欢听到的一句话。

不要钱,最好还能喂到嘴里。

其实很多人不明白,真正的知识,是跪着、哭着、求着,别人都不肯从指缝里露出一点的。是过了保密期很久,偶尔散落一点都能让人惊得瞠目结舌的。

世界是一场交换,你想得到好的东西,可你总得想想,愿意拿什么去换。

请把你最珍贵的给我,那请问你最珍贵的是什么?

不舍得为知识付费,就一辈子也跳不出辛苦的旋涡。

从来没有免费的索取,不舍得用金钱去付费,就要用一辈子的辛苦去付费。

世界上所有能免费搜到的知识,对你都没有什么价值。

不是说知识没有价值，而是对你来说，没有价值。

因为那是别人的知识，不是你的。

你只是一个存储器，你只是一个复制粘贴的操作员，你不知道它最核心的那一点，你不知道他没说的那一部分，你也不知道他原本要表达的真正要义。

一千个读者，就有一千个哈姆雷特，每个人都觉得自己读懂了。

你可以轻易买到一本《空气动力学》，但你一辈子也造不出航空发动机。

任何一个领域最核心的知识，就是那 1%。真正拉开差距的，也是那 1%。这一点点，才是天和地的区别。不要小看那一点点，人和猩猩的 DNA 也只差 1%。

你想做西红柿炒鸡蛋，随便一搜，一万个菜谱，全免费，用料无非就是：鸡蛋、西红柿、盐。你对着菜谱做，但是觉得不好吃，似乎哪里有问题。然后你花几千元钱去厨艺学校，学了几个月，再做这个菜，就是另外一个味道了。尽管用的是一样的西红柿，一样的鸡蛋，一样的盐。因为花了几千元钱之后你才知道，原来锅温的影响是那么重要。但是之前那些免费的菜谱，居然没有一个告诉你这些。

可问题就在于，你不知道自己不知道。最大的坑，是你不知道自己在坑里。

后来，你吃了米其林大厨做的西红柿炒鸡蛋，又被震惊了。这个时候你想学，可就没那么容易了。那可是人家吃饭的手艺，这种最核心的东西，是你花多少钱都学不来的，你觉得偷师成功了，可别高兴得太早，人家会留一手的。

能用钱买来的，不管多少，都不贵。贵的是你想花钱买，人家不卖的那部分。人家说，我也不会，我也是按菜谱上做的，瞎炒。

教会徒弟饿死师父。当年的学徒，被师父打、被师娘骂，做牛做马几十年，才可能在师父去世的时候，偷偷拿到一点指甲缝里的知识，靠自己过人的天赋，才能悟透那最关键的部分。

但世界上居然有那么多人，天生就觉得，"你就应该帮我喂到嘴里"，怪不得他们学不到真正的知识。越学不到真正的知识，就越没有正确的认知，就越难以摆脱现有的坑。有人好心拉他一把，他说，你把我胳膊拽疼了。

人不可以被说服，只能被天启。

穷人如何逆天改命

为什么摆脱贫穷这么难？因为贫穷是一个陷阱，一个符合基因设定的陷阱，让你不知不觉地陷进去，然后再也走不出来。

它太让人舒服了，太符合人性了，很多人根本意识不到自己在坑里。

穷了，你就想省钱，而越省钱就越找不到突破口；穷了，你就想稳定，而越稳定就越抓不住新机会。

于是陷入恶性循环。

你说，我一定要摆脱，一定要走出去，应该怎么办？

三个字：反人性。

只要是舒服的、习惯的、享受的，你就不要做。因为在这个阶段能让你舒服、让你习惯的，一定是在你的舒适区的，一定是有问题的。但正是因为它符合你的习惯，你才意识不到它有问题。

摆脱贫穷，一定记住下面六点，尤其是最后一点。

第一，把面子扔到一边。

越穷，就越好面子，就越怕别人看不起，就越会买贵的东西充门面，就越会导致没有钱。面子不是别人给的，是自己给的，所谓"他看不起你"，实际是你自己看不起自己。赶紧把面子扔到一边，不要管面子，不要为面子付费，看不起就看不起。只有你知道自己的目标是什么，你可以付出多大的代价，你可以为了实现它舍弃什么，真正让一个人胆寒的，是这些。

第二，把消费压缩到最低。

消费和投资是矛盾的，钱只有一笔，留给消费的越多，留给投资的就越少。你越是吃喝玩乐，就越没有钱投资自己，就越跳不出吃喝玩乐的坑。越穷，就越要克制欲望，越要把日常消费压缩到最低，这样才能省出更多的钱，用于投资，用在未来。

第三，舍得为知识付费。

投资不是让你去买理财产品，而是投资自己。本金太少，你买任何理财产品都没用。最好的投资对象是自己，最好的回报是知识。把吃喝玩乐的钱省下来，去买书、去学习、去找好的老师。一定要舍得在学习方面花钱，没有钱，去借，借不到，就刷信用卡。买个奢侈品，刷卡是浪费；买个学习产品，刷卡是借力。一定要记得，最好的知识，一定是很贵很贵的。一定要知道，贵有贵的道理，贵，才能节省机会成本，才能让你少走弯路。要学，就找最贵的，找你能承受的最贵的。正是因为你什么都不懂，才需要走最少的弯路，找到最好的老师。钱可以再生，而时间不行。

第四，该踩坑就踩坑。

不要怕走冤枉路，不要怕被割韭菜，人生该踩的坑，一个也少不了。穷的时候不踩坑，富的时候也一定会踩，而且还会更大。小孩子摔一跟头，马上爬起来，老年人摔一跟头，可能就骨裂了。吃亏一定要趁早，越早，试错成本就越小，看清世界的代价就越小。你都那么穷了，别人还能坑你点什么？小的地方尽量多吃亏，尽量多踩坑，才能快速摸清规则、积累经验，才能在人生最重要的节点突飞猛进、一骑绝尘。总有一天你会发现，当年那些过不去的坎，今天连个小水坑都算不上。

第五，寻找不确定性。

越穷，就越安于现状，就越害怕不确定的事情。但这个世界上真正给你带来超额回报的，一定是不确定性。但这有个前提，就是你要有足够的判断力，而判断力就需要学习，需要踩坑，需要拼命积累，需要找最好的老师。别人不能忍的，你能忍；别人不舍得的，你舍得；别人不敢下注的，你敢下注。这样，你才有突围的机会。越穷，就越不要追求稳定，而是追求未来；越穷，就越不要用时间换报酬,而是要用结果换报酬。

第六,切换生态系统。

人是环境的奴隶,你觉得那是你的喜好,是你的判断。不对,那只是你从小到大的环境强加给你的,只是你没有意识到。你的一举一动,你的为人处世,你的喜怒哀乐,都会被环境不断影响,以至于让你觉得,这就是你。

你觉得自己是个旱鸭子,只是因为你生在内地;你觉得豆腐脑不能加韭菜花,只是因为你生在南方;你觉得开个大奔回去就是光耀门楣,只是因为你周围的人,都这么认为。

鱼,最难意识到的就是水的存在。

所以,你一定要有超我意识,站在上帝视角重新审视自己,重新审视你本来的样子。

既然环境可以塑造人,为什么不能塑造成我想塑造的样子呢?为什么不能主动选择一个塑造自己的环境呢?

你要做的就是:切换生态系统。

离开你的初始环境,离得越远越好。去最大的城市,去竞争最激烈的地方,去顶尖人才最多的地方;去你之前想去但是从来没去过的地方。去看、去模仿、去学习,你可能不知道什么是对的。但你一定知道,大方向肯定是对的。你可能不知道过去哪些是错的,但你一定知道,大概率很多地方都错了。

这就叫超我意识。

你不是想塑造自我吗?

来。这样才行。

学习工具买最贵的

你雄心万丈地学了很多东西,最后全都半途而废,为什么?你可能觉得自己不够优秀、不够耐心、不够专注。不是的,你学不会,是因为你在学习工具上追求物美价廉。

你仔细想一想是不是这样。

学书法,买个普通钢笔就够了,先练着,练好了再买好笔嘛;学吉他,买把500元的就行了,先弹着,等弹好了再买好的嘛。要是等学好了再买好的,你就永远等不到学好的那一天。

你永远会觉得弹吉他无趣,永远感受不到声音的美妙,永远会卡在F和弦上。

学习工具不能追求物美价廉,一定要买最贵的,一定要贵到你不用就心疼,贵到你买这个东西要放弃很多其他的东西,这样才能让你专注,才能让你用心疼克服懒惰,才能让你在练习的时候逐渐明白贵有贵的道理。

对新人来说，什么最重要？

兴趣。

弹一样乐器就像谈一次恋爱，你得爱对方，第一眼就怦然心动的那种。你爱她的容颜，爱她的声音，爱她的气质，她什么星座，什么爱好，最喜欢吃什么，哪天不能碰冷水，你全都知道，甚至她名字里有多少笔画你都清清楚楚。你无时无刻不想和她在一起，没有她，你的人生毫无意义、黯淡无光。你这辈子，就是为她而来。

这样才是热恋，这样才能学好。

你一图省钱，就变成了包办婚姻。

你和她并无感情，她相貌平平泯然众人，也没有任何吸引你的地方，你和她在一起的唯一理由，是她要求低。

这样，你就永远不知道心跳是一种什么感觉，你永远不知道可以为一个人多疯狂，你永远感受不到声音可以有多大的魅力。

随便的一个低音，好吉他仿佛深海中的巨鲸，厚重磅礴。要是个入门级的呢？那就是"咚"的一下，踢你家大门一脚。基础的一个大横按，好琴你轻轻搭上食指就行，颗粒分明。要是个入门级的呢？那就是你的手指要生生按断五根钢筋。

你说，我怎么能学得会？怎么能提起兴趣？怎么能坚持下去？

为了省那一点钱，把最重要的热情消耗掉了，这叫愚蠢。

样样都没有学会，把最重要的信心消耗掉了，这是愚蠢中的愚蠢。

最后你就会打心眼儿里认为：我是个很普通的人，我是个很笨的人，我什么东西都不如别人，要不然我怎么都学不会呢？

其实，你没有那么普通，你唯一普通的地方，就是不舍得为学习工具花钱，你被骗了。

很多人告诉你，手机也能拍大片，你看很多摄影大师，用的也就是450D，人家怎么能拍出大片？

这就犯了一个逻辑错误：大师是会了之后再去用，他有上万个小时的训练做基础，他清楚每个器材的优缺点，他懂得如何扬长避短、如何随机应变，这才使得他可以用普通相机拍出惊艳的作品。

但普通人可以吗？

你拿一台普通的相机，拍一张，普普通通，拍100张，还是普普通通。

然后呢？然后就没兴趣了。

一旦没有兴趣，你在这个领域就完蛋了。

学一样东西，如果只靠毅力，你是学不成的。

就好像爱一个人，如果只靠道德，就一定会出轨的。

毅力是极度耗能、极度珍贵的，就像猎豹的冲刺一样，只能在最最重要的地方偶尔用一下。所以，一个人如果真的想学摄影，就应该把衣食住行的钱全部省出来，去吃泡面、去挤公交、去搬到便宜的地下室，为的就是买最贵的相机、最好的镜头，感受器材的惊喜，感受摄影的乐趣。

不要相信手机也能拍大片，不要相信烧火棍也能演奏音乐，不要相信树枝在地上也能练好字。

我们不是大师，我们没有那么好的天赋，我们没有那么强的毅力，我们做不到每天10个小时的枯燥练习。我们都是有缺陷的生物，只有买最贵的、最好的工具，才能抵制人性的弱点，才能强化新手的信心，才能激发内心的热爱。

贵有贵的道理。

学习工具买最贵的，买你能承受的，最贵的。

,

第二章

拆解现象

看懂身边的
经济学

钻石为何要永流传

为什么要"钻石恒久远,一颗永流传"呢?

为了让爱情忠贞不渝吗?当然不是。

真正的目的是让你把钻石留着,千万别卖。因为一卖,就崩盘了。

你知不知道 40 年前市面上的钻石总量就有 5 亿克拉,而当时的年产量从来没超过 1000 万克拉。

只有你买了之后再也不流通,他才可以卖给更多的人,赚更多的钱。

钻石本身几乎毫无价值,它所有的价值都是营销赋予的。它之所以能卖这么多钱,是因为它有能力让你相信,它值这么多钱。

想要创造价值,第一步,就是制造稀缺。

钻石是一点都不稀缺的,只是最开始大家都不知道钻石是什么东西，被贵族拿来炫耀。1870年，有人在南非奥兰治河突然发现了巨大的钻石矿，产量以吨来计算。这下所有人都蒙了，一个叫罗兹的英国商人一咬牙买下了整个钻石矿，然后限量供应，最高的时候掌握了钻石市场上90%的交易量。

限量等于什么？奢侈品。

你想卖得贵，就得限量，但只有限量还不够。世界上限量的东西多了去了，大家都限量，竞争就越来越激烈。1919—1938年，钻石价格下滑了一半，差点撑不住了。那怎么办呢？

第二步，绑定爱情。

千万不要小看这四个字，这是营销界的巅峰之作，是起死回生的一张好牌。

累了为什么喝红牛？因为红牛＝能量。

求婚为什么买钻戒？因为钻戒＝爱情。

你可以买黄金，可以买珍珠，可以买翡翠，但是只有钻石＝爱情，只有钻石最纯净、最永恒，最符合爱情的味道。

你感受到这个"＝"的恐怖了吗？它极度精准地切入了一个细分刚需，并将二者牢牢绑定在一起。它绑了，别的就绑不了了。

你为什么相信钻石＝爱情？因为从你懂事的那天起，就在不停地接受灌输。

所有的杂志上都是钻石＝爱情，所有好莱坞明星求婚都会用到钻石，女明星佩戴钻石一定要拍个特写，设计师一定要说钻石是时尚的潮流，尤其是明星求婚时送老婆的钻石，一定会告诉你克拉数。

汪峰送章子怡9克拉的钻戒求婚，女方含泪称愿意。

梁朝伟送上12克拉的钻戒，刘嘉玲落泪了。

9克拉，12克拉，流泪。它不仅让你相信钻石＝爱情，还让你相信钻石大小＝爱情的分量。

看到没有？如果你爱我，请给我买最大的那颗。

男人说："这都是营销套路啊，白痴才会买。"

女人说："那你愿意为我当一次白痴吗？"

这是什么？这就是"＝"的力量。你不想买，可是由不得你。

你觉得套路深，但事情还没完呢，因为还有个最大的隐患没消除：二手市场。

钻石和其他奢侈品不一样，新和旧几乎是没区别的。

你的LV包背了一年，有磨损。

你的绿水鬼戴了一年，有磨损。

可你的钻戒买了一年，是几乎没磨损的，因为大部分人是不戴的。

而巨大的存量一旦流入市场，价格就绷不住了，所以必须让你一直拿在手里，这辈子都不会再卖，商家才能源源不断地赚新人的钱。

所以有了第三步，就是 forever、永流传。

钻石永恒，你们的婚姻也永恒。

永远，永远放在手里，永远别想着卖，永远是你们最美好的爱情。

买，就去买新的。你拿别人用过的钻戒去求婚，怎么好意思呢？

卖，是不可能的。你为了钱把爱情的信物卖掉，怎么好意思呢？

卖掉钻戒 = 婚姻破裂。

这才是最"诛心"的地方。

广告如何变成真理？答案是：重复 1000 遍。

如果不行，那就再重复 1000 遍。

恋爱与经济学原理

为什么你可以帮表妹选一个更优秀的男朋友,却不会把你的女朋友推荐给一个各方面都远超你的男生呢?

因为人性是自私的,你真正想要的,是让自己更幸福,而不是让你的女朋友更幸福。

这一篇,我们讲讲恋爱中的经济学。

女孩问,两个男生追我,一个很有钱,一个没什么钱,但他们都对我很好,请问我应该选哪一个?

答案是:选有钱的。因为有钱的男生可选择的对象更多,但他依然选择了你,说明他真的很喜欢你。没钱的男生未必就不真心,但是他面临的选择很少,遭遇的诱惑不够,不需要为你放弃太多。

同样,如果男生问,有两个女生喜欢我,一个很漂亮,一个很一般,但她们人都很好,请问我应该选哪一个?

答案是：选漂亮的。因为漂亮的女生不缺男生，她放弃了很多优秀的男生和你在一起，相对于不漂亮的女生，她付出的隐形成本更大。两个人相比，她愿意为你放弃的更多。

没有放弃，就没有真爱。

为什么有人明明处于恋爱状态，却经常暗示自己单身？因为她希望换取更高的综合收益，她不愿意为你放弃机会成本。

换句话说，她不够爱你。

想知道有多爱，就看看对方愿意为你放弃什么。

有人问，怎么样找到更好的另一半？

答案是：为信息付费。

任何时候，男生之间相互竞争，女生之间相互竞争。

你找到另一半的质量，只取决于你超出竞争对手的水平。

换一个战场，找一个竞争力不足或者对手普遍偏弱的领域，可以极大地提高自己的竞争优势。

工科学校，男女比例5∶1，哪怕你是巅峰颜值，也没有太多选择权。而文科院校，比例变成了1∶5，即使你相貌平平，也很容易找到另一半。

你不需要具有绝对优势，只需要具有相对优势。

如何找到一个让自己相对突出的领域，增加竞争优势，是操作的关键。而关键中的关键，是消除信息的不对称——别人不知道的，你知道。

信息为什么不对称？因为信息本身就是一种商品，一种付费制造的商品。

谁更愿意为信息付费，谁就更容易消除不对称，做出更有利的决策，获得更大的生存优势。

有人问，为什么肥皂剧里的霸道总裁总会爱上草根女主角，但现实中却没有呢？

因为有什么样的观众，就有什么样的剧。

正是因为有不计其数的"草根女主角"，她们有时间不停地刷剧，才会有人推出这种具有针对性的产品。

现实中，恋爱需要等价交换，想得到一个优秀的恋人，得先让自己变得优秀。等价不一定是钱，可以是超凡脱俗的相貌，可以是满腹经纶的气质，也可以是家喻户晓的知名度。但无论如何，一定要等价。而不是说一方极度平庸，另一方极度优秀。

但在剧情中，这些完全不需要，剧情的逻辑是：你缺什么，我就给你什么；你幻想什么，我就满足你什么；你喜欢什么，你就会得到什么。

你出身普通、长相一般，好逸恶劳又脾气暴躁，但霸道总裁就是会死心塌地地爱上你；你想要 1 个包，他非得给你买 10 个；你想偷偷进行地下恋情，他非要当众宣布非你不娶。

在现实中，这是不可能的，但在剧情中统统都会满足你，充分照顾你的每一寸情感需求。

霸道总裁深情款款地说："嫁给我吧。"

观众泪水涟涟。

真实的片场，导演"啪"一拍手："过。"

如果不是客户需要，商家根本懒得去拍。

明白真实的规则，远离虚幻的剧情，才更容易遇见幸福。

被动失业是伪命题

世界上不存在被动失业,只存在对自我的高估。

在法国,有个失业的年轻人问马克龙:"我发了很多求职信都没有下文,你觉得应该怎么改善?"

马克龙说:"如果你准备好改行的话,我现在穿过马路就能给你找到工作。"

任何人只要愿意,这个世界上永远有无穷无尽的工作可以做。而他之所以不去,是因为有些工作他觉得不值得做,或者配不上他的能力。

但这就出现了一个逻辑错误:一个人有没有价值,是要看别人的需要,是市场说了算。

职业无贵贱。有人觉得自己是精英,怎么可以去给别人端盘子、扫地或者当保姆呢?但有意思的是,在他的世界观里面,这个世界上就应该有另外一部分人来给他端盘子、扫地或者当保姆。

每一个劳动者都应该被尊重。没有人从生下来，就被打上不同的标签。

当市场发生变化，当市场不再需要那么多精英，只需要更多的蓝领，更多的水电油漆工，更多的保洁、月嫂阿姨的时候，市场并没有出错。并不是学了这个专业，市场上就应该有一个对口的工作。

有人说，那我学了这么多年的专业怎么办？

学而无用，反映的是选择能力的缺陷；不思变革，反映的是学习能力的不足。

主动失业可以是一种自我选择，它意味着等待时机，意味着付出更多的时间成本，来换取一个未来可能更高的报酬；而被动失业，仅仅是一个借口。

求职中的学历尴尬

非全日制学历求职受阻,经济学怎么解释这事?

答案是:信息成本。

任何时候,资源都是有限的,识别都是需要花成本的。除非企业的精力无限多,否则就一定在选择的时候有倾向性。当它没有办法考察某个人的真实水平时,就需要借助一个相对有价值的参数,来降低识别成本,提高准确度。

通常的权重排序是:清华、北大—985、211—一本—二本—专科。

清华、北大的学生,就一定比技校专科的强吗?未必。

概率不代表个体,它只是统计学数据。

很多优秀的人,也可能只有高中学历。但是面对昂贵的人力资源成本,从概率更大的群体中选拔,是个最简单有效的办法。

我们当然希望企业能够从头到尾仔细考察每一个人,尽量避免任何误判。可如果企业真的这么做了,不计成本反复甄别,每个简历都不错过,里里外外考察一圈,亲戚同事也走访一遍,那应聘者最可能面对的结果就是:排队,排长队,排长长的队。从投递简历到接到第一个面试电话,要等三年。

其实从成本上讲,企业比任何人都更愿意仔细考察每一个人。高学历和大品牌一样,它意味着更快的判断速度,更大的信任权重,但同时也意味着更高的品牌溢价,意味着需要花更多的钱。

就像消费者买东西一样,很多时候之所以选择有品牌的,是因为不知道没品牌的到底好不好。如果确定100%一模一样,那就极有可能会选择后者,因为更便宜。

同样,一个普通人,如果你确定自己能力顶尖却没有任何学历背书,反映在人才市场上,就一定会有折价。没有品牌溢价,就意味着更大的成本优势。

可为什么企业宁愿支付品牌溢价,也不愿意仔细鉴别呢?

因为鉴别更贵,鉴别信息的价格,超过了品牌溢价本身。

比如,有的消费者,研究了5个月终于发现没包装和有包装的大米原来一样好,看似1斤米省了3角钱,可5个月的时间和精力又值多少钱?

所以,只要企业的精力不是无限低廉的,其选择就一定会有偏好。

偏好究其本质而言，是一种歧视，一种区别对待。

区别对待是好是坏，企业会自担结果。

你慧眼识珠，低价招到了汗血宝马，竞争力就强了一分；你判断失误，高价请来了南郭先生，竞争力就弱了一分。

主观上，企业觉得选某人更好。客观上，他是否真的更好，市场会给出答案，那些选错的企业会被淘汰出局。

你可以选择歧视，但也得承担歧视的后果。

有人说，那就不能规定不歧视吗？

我讲一个笑话。

相亲现场：

"你有房子吗？"

"没有。"

"那你喜欢蓝色吗？"

"不喜欢。"

"对不起！我不能和不喜欢蓝色的人在一起。"

对应聘者而言，你永远不知道没被录用的真正原因是什么。

那解决方案是什么呢？消除信息差。

既然问题出在信息成本上，那解决也必然要从这个角度入手。

要么提高自我价值，让企业愿意付出鉴别成本；要么降低识别成本，让企业快速了解真实能力。

比如，高端猎头市场，为什么只看经历，却几乎不看学历？

因为你的价值足够大，负责的项目足够重，出错的损失足够高，才使得企业愿意花大量时间在你身上，仔细调查、反复甄别，去了解你的过往经历、人际关系、工作表现、离职原因、个人魅力，等等。这就是提升自我价值。

那什么是"降低信息成本"呢？

当千千万万个非全日制的学生同时应聘的时候，当企业面临严重的信息不对称时，谁能快速证明自己，谁能消除信息不对称，谁就更容易被对方认可。

你有超出常人的资源，你有拿得出手的文章，你有引以为傲的成就……总之，你要和别人不一样，你要快速消灭信息差，才能甩开对手，脱颖而出。

真正有能力的人，绝不应该让学历冲在最前面。

失业到底有无损失

机器取代人工,那些失业工人的损失在经济学上算什么?答案是:没有损失。整个事件当中,没有任何人有任何损失。

可是工人本来每个月能领钱,现在突然领不到钱,被机器替代了。难道没有损失吗?

当然没有,他们对"本来"的理解过于一厢情愿,混淆了他们认为的和属于他们的。

举个例子,有个卖苹果的人,苹果1元钱一个,我星期一到星期五每天买1个苹果,星期六没买。请问他有没有损失?

答案是:没有。1元钱是在我口袋里,不是在他口袋里,我只要没从他口袋里拿走1元钱,他就没有损失。他认为我要买和我是不是真的去买,是两个概念。

更具体点,星期六我是因为买了个橙子才没有买苹果的,因为我觉得橙子更好吃。请问卖橙子的对卖苹果的造成损失了吗?

答案是:没有。自由选择而已,卖橙子的也没有拿走卖苹果的任何东西。

市场是由千万个人组成的,卖橙子的商人也是市场的一部分,别人可以卖任何东西,消费者也可以选择任何东西。市场每时每刻都在变,昨天买了,不代表今天必须买他认为并不需要的东西。

什么才叫"损失"呢?

明明我不想吃苹果,他还非拦住我,不买不能走。或者明明人家想卖橙子,他非把人家赶走,说抢了他卖苹果的生意,这才叫损失。

双方同意,才是交易。任何一方不愿意,都不是交易。

不交易就没有损失,强买强卖才有损失。

买了他1个苹果,一辈子都不能买别人家的,这才是不讲道理。

员工和企业也是一样。

员工不能说在这儿做了一阵,企业就得一辈子雇用他,因为企业有权利选择更高效的方式。同样,企业不能说雇用了员工,员工就得一辈子在这儿干,员工也有权利选择更高薪的职业。

不能换机器才有损失,不能自由跳槽才有损失。

市场经济是双向选择。企业和员工任何一方不愿续签合同,都没有给对方造成任何一点点的损失。

那已经签了的合同，中途有人想终止，对方有没有损失呢？

答案是：也没有。

任何合同都有单方终止条款的，如何补偿对方，以协议为准。员工单方终止，赔偿企业违约金；企业单方终止，赔偿员工补偿款。

补偿本身，也是合同的一部分。

只有单方违约且拒不补偿，才算是违背契约。

市场经济，唯一能给对方造成损失的，是违约。

刚需到底有多刚

有些人总是希望能免费分房子,一个重要理由就是应该满足他们的刚需。但刚需的定义是什么呢?或者多"刚"的需求,才能叫"刚需"呢?

对于一个无家可归的人来讲,他可能觉得有一个睡觉的地方就是刚需。类似宿舍的上下铺,一个人1.5平方米,能遮风挡雨,可能就很满足了。

但是对于一个普通香港人家庭来讲,他觉得不够,五六口人在一起住,怎么也得有个300尺,也就是30平方米的房子。

但对很多内地人来讲,他觉得30平方米住五六口人,怎么受得了?厨房和卫生间都是在一起的,做饭的时候得把马桶盖上,然后在上面炒菜,这是绝对不行的。最起码厨房和卫生间得分开,客厅、卧室得分开,六七十平方米才是刚需。

但又会有人觉得，六七十平方米的房子连孩子的玩具都放不下，客厅放个爬行垫还怎么走人呢？孩子怎么也得有个自己的房间。老人过来一起住的话，总不能睡客厅吧？所以刚需怎么也得是120平方米的三居室。

可能马上就会有人问，那两个孩子的家庭怎么办？怎么也得有个保姆间吧，人一多，两个卫生间肯定是不够的，想锻炼的话总得弄个健身房，跑步机放客厅家人还怎么看电视？泡澡的话，怎么也得有个大浴缸，最起码得是200多平方米才行。

然后就会有人觉得，这么多人天天生活在一起，肯定有矛盾啊。尤其是婆婆和媳妇，一不小心就杠上了，时不时拌嘴、吵架怎么受得了？必须得在距离上分开。怎么也得爸妈住一套房子，自己住一套房子，最好在同一小区。这样的话平时大家串门也方便，周末还能聚在一起吃饭，没事还能帮着带带孩子，父母也有自己的空间，所以最起码两套房才是刚需。

你看，阈值不停上涨，每一家都有自己的需求，每一套都有自己的理由，每一个阶段都是合理的。所以，刚需到底是什么？完全没有界限。它取决于人们想花多人代价来实现什么样的居住环境。

其实，只要是花自己的钱，房子再大一些也是合理的；如果只想被免费分房，再小一点也说得过去。不要寄希望于免费分房，因为那等同于花别人的钱来满足自己的需求，而国家用这笔钱或许可以帮助更多更困难的人。

自己的需求，并不是衡量他人的标准。

自己的钱，用起来才是最高效的。

免费的代价

物理学中有个永动机，是无数人都在尝试发明的一个机器，当年牛顿也研究过这个问题。他们希望做出一个装置，不消耗任何能量，还能源源不断地输出能量。

比如，在一辆汽车前面放一块磁铁，就能把车吸走；还有2.0升级版的：在汽车后面再放一块磁铁，这样一个推、一个拉，就形成了永动机。别笑，还有其他各式各样神奇的结构。到今天为止，依然有不少人在研究怎么永动。你去网络上搜，会有一大堆，看起来还真像那么回事。

尽管我们知道那不可能，它违背了最基本的物理定律，能量不可能凭空产生，但是在经济学领域，依然有很多人在犯同样的错误。

经济学的永动机是什么？免费。

所有东西都不要钱，都能被占到便宜，如印度的免费医疗。但我们知道，其实不付钱不等于免费，只是计价单位不一样，有的是拿劳动换，有的则是拿寿命换。

尽管这样，很多人还是"立场决定观点"，认为自己是可以占到便宜的。实际上，他们混淆了一个概念：单次的免费并不等于全体的免费。

什么是单次的免费？比如，一个人和几个朋友吃了顿火锅，手切羊肉、毛肚、鸭血……点了满满一桌，配上新鲜的扎啤，大家开怀畅饮，不亦乐乎。酒足饭饱该结账了，老板一看，这小伙子长得太帅了，免单。这个是他想象中的免费。单次的免费。

它的特点是什么呢？所有人都收费，只对他免费。

但是他搞错了，免费是对所有人的免费，是所有人点九宫格都免费，所有人点手切羊肉都免费，所有人点毛肚、鸭血、酥肉、耗儿鱼……通通不要钱，所有人点扎啤都无限畅饮。此外，还免费做美甲、擦皮鞋、掏耳朵。如果这样，会有什么结果？可能你提前一天搭个帐篷住那儿，都不一定能排得上一个座位。

现实中也有很多例子。景区免费，看到的全是人头；超市免费，结果有人被挤丢一只鞋；停车场免费，有人转了三圈也没找到空位。

看上去是不要钱，实际上是永远得不到。想得到，就一定得从别的地方获取能量。物质永远是守恒的。

正是因为收费,才用价格区分了不同人的迫切程度,才使得商品到达真正需要它的人手里。

经济学只看行动,只有真的愿意花钱,用自己的劳动换别人的劳动,才说明这个商品是人们真正需要的,也才能过滤掉那些乘虚而入的伪需求。

物理学中不存在永动机,经济学也一样。

什么才是真正的节约

有钱人多花钱是好事吗？比如，有个富二代，普通的东西看不上，买个名表30万，买辆名车300万，买套豪宅3000万。他没事就约朋友一起花天酒地，动辄几千元钱的酒水，一晚上消费几万元是家常便饭。新认识的女朋友，她要包买包、要车买车，全球各地到处飞，一趟旅行下来，百八十万元的花销很正常。

我们的问题是，他这么大手大脚地花钱是好事吗？

他自己觉得是。理由是花钱对社会来讲是在拉动经济、提高就业。比如，他最近迷恋上了帆船，整套设备几百万元，出一次海好几万元。他说如果没有这些富人玩帆船，就不会有帆船这个产业，那些做帆船的工人、海滩的服务生、安保救生员都是有钱人在养活。正是因为他这么大手大脚地花钱，才提供了很多工作岗位，让很多人可以挣钱养家。他看上去是在浪费，实际是在做公益。

这听起来似乎有一定的道理，但隐约让人觉得哪里不对，因为传统美德告诉我们，勤俭节约才是根本。

这两个说法完全相反，其中必有一错。那么，究竟哪个才是对的呢？这就是我们要讲的。

有个小孩砸破了一家面包店的玻璃，然后跑掉了。围观的人议论纷纷，玻璃破了虽然可惜，但也不是坏事，因为玻璃店会多一桩生意。玻璃店店主挣到钱了，就可以拿去消费，这样就会有更多的人挣到钱，这些人可以继续消费，钱就一圈一圈地传递下去，整个经济就被拉动了。

请问是哪里有问题？

问题出在了看不见的地方。同样的资源，原本可以有其他用处的：修玻璃的钱原本是要买一双新皮鞋的，但是因为修玻璃花掉了，皮鞋就买不了了；玻璃店多了一桩生意，皮鞋店就少了一桩生意。那双皮鞋因为没有被做出来，很多人就觉得它根本不存在。玻璃店的生意，不过是从皮鞋店转移过来的，并没有增加就业，也没有拉动经济。综观整个经济体，财富反而是在减少的，因为损失了一块玻璃。

很多人特别看重消费，是因为他们弄错了因果，消费从来不是原因，而是结果。

我们从来不是为了消费而消费，我们是为了交易而消费。为什么要交易呢？因为可以增加比较优势、劳动互换、提高效率。

比如，泰森为什么不自己洗车？因为同样的时间，他可以产生更大的价值；而找一个洗车工，双方劳动互换，使得泰森可以专注打拳，洗车工可以多一份工作。

大家各取所需，皆大欢喜。

我们交易的那一刻产生了消费，而不是为了消费才去交易。

再说一遍，是我们交易的那一刻产生了消费，而不是为了消费才去交易。

通过交易，双方的财富都实现了最大化，每个人都可以更好地进行生产，提高整个社会的效率，才是消费的终极目的。

而同一份资源，要么用于生产，要么用于消费，二选一。消费花掉的越多，生产可以利用的就越少，未来的发展就越受影响。

回到开头富二代的故事，同样的钱，如果用于投资、生产，可以产生更高效的工具，创造更大的财富。

而修船的工人，与帆船有关的行业，这些人力、物力原本可以用在其他更有效的地方。整个社会效率的提高，对所有人而言都是好事，包括富二代本人。

1000年前的首富和今天的首富，虽然都是首富，但生活质量不可同日而语，这就是得益于生产的发展，科技的进步。

越是压缩消费，越是勤俭节约，就有越多的能量用于生产，产生更大的未来价值。

至此，这个问题已经确定了：节约永远是美德。

但这只是1.0版本的问题。2.0版本的问题是：什么才是节约？

我们具体一点：普通人身价10万元，吃顿盒饭10元，消费占身价的万分之一；富二代身价10亿元，吃顿大餐10万元，消费也占身价的万分之一。看似贵了1万倍，但比例相同，请问谁更节约？

身价翻倍，消费也翻倍有问题吗？如果富二代买包算奢侈的话，那普通人是不是连盒饭都应该省了？到底谁对谁错，界限到底在哪里？

我们一步步来。

表面上的矛盾，在底层都是统一的。物理现象纷繁复杂，但本质上是一回事。苹果为什么会掉到地上？因为万有引力。月亮为什么掉不下来？因为万有引力。两个看似相悖的事情，只是引力在不同速度下的表现而已。

经济学也是一样。所谓"经济"，就是用最小的代价实现最大的结果，这是底层规则。但在实际应用中，它的表现可以是完全相悖的。

对老奶奶而言，退休金有限，坐半个小时的免费班车去买便宜两毛钱的大葱，是个最经济的方案，因为她的收入是固定的，时间极其廉价。所以对她来说，用时间来换钱，是个最优方案。

而对于大老板而言，时间、精力极为昂贵，如果为了省钱挤公交上下班，隐性的损失会远远大于省下的路费。对他而言，买辆专车、雇个司机，安静思考、专注决策，才是最经济的方案。

每个阶层都在自己的能力范围之内，力所能及地提高生存效率。

同样是节约，表象可能天差地别。每个阶层对时间、金钱、精力的认知完全不同，不可简单地加以比较，也不可生搬硬套。对任何个体而言，节约都应该是全方位、全流程、立体化的节约，综合考量各种资源，尽量达到最优解。

规则不限，选对了，提高效率，增加能量；选错了，降低效率，削弱实力。自行选择，自担后果。

底层规则上，节约，永远是美德。细节表象上，什么才是真正的节约，每个人都可以自由答卷，市场会给出最终的裁定。

极度节俭是好事吗

勤俭节约是美德吗?

是。

肯定吗?

肯定。

不,你不肯定。比如,我问个问题:如果每个人都勤俭节俭,每天咸菜配米饭,缝缝补补穿10年,出门自带白开水,全家挤在地下室里,生活消费极度节省,拼命加班创造财富。消费压缩到最低,劳动输出到最大。那生产的东西卖给谁呢?堆积成山,没人消费,经济不就出问题了?

我再问一遍,勤俭节约是美德吗?

不那么肯定了,对吧?

因为很多人只是流于表面,并未把握底层逻辑。

我们直接说答案：任何时候，勤俭节约都是美德，绝对的美德。如果每个人都极度节约，效率就会无比强大，经济就会空前繁荣，物质就会极大丰富。

很多人之所以觉得会出问题，缘于一个根深蒂固的观念，他们从小被灌输的：生产的唯一目的是消费，生产东西就是为了让你消耗掉。换句话说，整个问题的漏洞在于：只生产消费品。实际上，生产的目的可以是再生产，再生产的目的可以是继续再生产，链条可以无限长。我们从来不只生产消费品，我们是通过生产资本品，进一步生产消费品的。

以牛奶为例。消费品是什么？牛奶本身。而资本品是什么？是现代化农机具，规模化养殖，奶牛育种和改良，巴氏消毒工艺，冷藏运输体系，道路交通系统，批量化流水线，等等。

资本品越发达，效率就越高，消费品就越便宜，生活代价就越低。牛奶便宜得像白开水一样，代价低到无须刻意节省，人们也依然能过得很好。以前是一天的劳动换一桶牛奶，现在一分钟的劳动换一桶牛奶，剩下的能量可以生产更多资本品，把各行各业的代价都降下来。手机越来越便宜，汽车越来越便宜，服装越来越便宜……无限循环下去，生产力会极大繁荣，生活水平会极大提高。铺路造桥医药科研，宇宙飞船卫星上天，大洋彼岸瞬间往返，月球火星生态重建。

以前想都不敢想的东西，在生产力的推动下，变得代价低廉、触手可及。

哪怕不那么极端。现实中，如果有两个经济体：一个把90%的能量用于投资；一个把90%的能量用于消费。那么，前者发展的速度一定远超后者。

为什么勤俭节约的民族会发展得更快？因为他们在骨子里有节俭的天性，希望积累更多能量用于生产，而不是晒太阳、喝啤酒，及时行乐透支未来。

我们享受一切美好的事物，代价却可以低到忽略不计，这才是经济发展的终极要义。

资源只有一份，只有在当前尽量节省，才能更多地用于未来，产生更大的折现价值。

那么，每个人都应该米饭就咸菜吗？

当然不是。节约并不是狭义上的节约，而是全流程的长远节约。

每天米饭就咸菜看似省钱，但有可能损害健康。而均衡饮食增加营养，看似是多花钱，实际是一种更长远的节约。

节约的成本，不应该超过节约的收益。在这个基础上，消费压缩得越低越好。

勤俭节约是美德吗？

是。

肯定吗?

肯定。

怎样把药价打下来

帮我把牛肉价格打下来，没问题。

帮我把红酒价格打下来，没问题。

帮我把70万元的药价打下来，稍等，它凭什么能卖70万元呢？具体点，几毫升的化学药物加上水，凭什么能卖这么贵？

因为此药物非彼药物。

复制不难，创造才难。

分子式不难，知道为什么是这个分子式才难。开发一个操作系统，耗资几百亿美元，不一定能开发出来。而同样的代码复制一份，盗版盘只卖5元钱，商家还有得赚。这是因为，一个是创造，一个是复制。而创造，就得从研发成本说起。美国食品药品监督管理局有数据显示，开发一款新药所需要的平均时间为13.5年，这还仅仅是研发的投入。如果考虑到资本因素，成本高达17.78亿美元。更残酷的是，你辛辛苦苦花钱、花精力，也不一定能研发成功。

从选中靶点，先导化合物筛选，到优化临床前的一、二、三期，再到最终上市申请；从最初立项，到推向市场，十几年的时间只有 4% 的成功率。

比如，SARS 疫苗（严重急性呼吸综合征疫苗）就是临床三期遭遇难题，至今 17 年未能研制出来。

这些失败的花费是要平摊到每个新药身上的，药费的大部分实际是花在了这些失败的药品上。

就算研发成功，就算推向了市场，还面临一个问题：量产。

一台光刻机几亿元，一条产品线几十亿元，而一部手机只卖几千元。为什么？因为量产，几十亿个消费者平摊了研发费用和固定成本。

但罕见病的用户群体极为有限，SMA[1] 患者只有几十万人，分散在各个国家，而不同国家的药物审批都会不可避免地耽误量产，分摊下去必然单价高昂。所以，药价高并非是药厂黑心挣钱，而是市场铁律不可违抗。尽管药品是治病救人的，但它本质上是一种商品，既然是市场造成了高价，那么降价也必然要依靠市场。

如果鸡蛋不够吃，应该是鼓励更多人去养鸡，而不是杀鸡取

1　SMA：脊髓性肌萎缩症，是一类由脊髓前角运动神经元变性导致肌无力、肌萎缩的疾病。

卵；如果药品不够便宜，应该是鼓励更多药企去挣钱，而不是指责他们唯利是图。

"你的药卖这么贵，我吃了3年，把房子吃没了。"

这句话的另一个版本是："倘若没有这些药，就不是房子没了，而是人没了。"

药企，不是让人生病的，它是给生病的人提供解决方案的。如果一个提供方案的药企被指责，就没有药企敢提供解决方案。方案一定是有代价的，我们无法做到无损，只能让代价逐渐降低。

科技水平的提高无法一蹴而就，总得给市场一点时间，而利润，就是最好的推进器。利润足够大，才会有人肯花十几年的心血等待回报，无畏风险反复尝试；利润足够大，才会有资金用于医药研发理论研究，规模效应降低成本；利润足够大，才会吸引更多的顶尖人才，少走弯路加快速度；利润足够大，才会招来足够的竞争对手，你争我夺相互压价。

尊重市场规律，才有正向回馈。

把药品当作商品，才能真正降价。

水为什么比房子便宜

不吃饭,人可以活半个月,但是不喝水,只能活3天。既然水是生命之源,水如此重要,但它为什么这么便宜呢?

不是说商品的核心价值在于其效用吗?效用越大,价值越大。没有房子住,露天也能将就,但是没有水喝,就真的活不下去。

可在现实中为什么一套房子能卖100万元,但是一瓶水只要1元钱呢?哪个环节出问题了?

这个就是我们要讲的"边际效应"。

水可以解渴,这个就是效用。"边际效应"就是每多一瓶水,它解渴的效果不一定就更好。

举个例子,烈日炎炎,一个人走了十几千米,没有卖水的,突然遇到一家小商店,里面有矿泉水。他一下买了好几瓶。第1瓶他"咕咚咕咚"喝下去,感觉脱胎换骨、元气满满,整个世界都变美好了；喝第 2 瓶的时候，虽然也解渴，但是已经没有舒爽的感觉了；第 3 瓶就可喝可不喝了；第 4 瓶就得硬着头皮喝了；第 5 瓶可能就喝吐了；再喝第 6 瓶，就水中毒了。

发现没有？这几瓶水是一模一样的，但是对人的效用却是完全不同的。第 1 瓶效用最高，往后依次递减。到了第 6 瓶，甚至每喝一口都是负效用。

这就是边际效用递减法则。

所以我们发现，尽管水很重要，尽管水是生命之源，但它依然非常便宜。因为此水非彼水，第 1 瓶水和第 1 万瓶水不是一个水。

效用是有一个前提的，它有时间、地点、场景的稀缺性，受到各种因素的限制。所以完整的说法应该是：具体到某一个人、某一个商品、某一个时间、某一个场景，它的效用是多少。

回到开头的问题，水固然重要，但是在城市里，你喝的每一口水实际上都是第 1 万瓶水。周围永远有无穷多的水可以随时让每个人喝，这就使得它的边际效用极低，价格几乎为 0。而房子却相对稀缺，因而价值不菲。但如果换个场景，在沙漠里面，大家迷路了，只剩一瓶水，价高者得，有水才能活下去，那么这瓶水的价格可以轻松超过 100 万元。同样，如果房子无穷多，价格也会几乎归零。比如，玉门老城区，因为人口搬迁，房子严重过剩，甚至有几千元钱一套的房子。

你观察周围的商品，贵与便宜，实际是取决于它的边际效用的。比如水果，高档超市里面几百元一斤的进口车厘子，甜度爆表，你知道原产地智利卖多少钱吗？我们算一下：在当地，平均1000智利比索可以买到2公斤优质车厘子。多优质呢？车厘子有1元钱硬币的大小。1000比索等于多少人民币呢？约8.5元。8.5元可以买到4斤1元硬币大小的车厘子，约2.1元1斤。

在智利，车厘子根本没办法拿出来"炫富"，它就跟我们街头的炒冷面一样普通。买张机票飞过去可以吃到让你怀疑人生，吃到你再看樱桃小丸子都会有阴影。

为什么当地那么便宜？就是因为边际效用低，当地盛产车厘子。而到了我们这边，物以稀为贵，边际效应就增加了，反映在价格上，就变成了几百元一斤。

有人说难道不是因为运输费贵吗？视角不同而已。运输费确实只是一个方面，这是从成本的角度考虑的。而我们要看到的是，冷藏包装运输费加上利润都已经这么贵了，为什么还有人买？就是因为对买家来说，边际效用高。

消灭杨絮为什么难

到了杨絮满天飞的季节,像下雪一般,它会往你眼睛里、鼻孔里面跑,一不留神还容易引起火灾。那么,消灭杨絮是好事吗?经济学不评论事情的好与坏,它只看做这件事情需要付出多大的代价和能有多少收益,相比哪个更值。

那么,消灭杨絮的代价有多大?

我们先说杨树有什么好处。杨树就是歌曲里的那棵小白杨,茅盾也写过一篇文章《白杨礼赞》。杨树好在哪儿?它的养护不挑水土、成本低,还容易繁殖,生长速度快,存活率还高,长得又高又直,不会挡人的视线,关键还特别特别便宜。几乎全是优点。

在当年治理沙尘暴的时候,杨树从众多树种中脱颖而出。尤其是20世纪70年代,在沙尘暴肆虐的城市引入了杨树之后,极为有效地阻挡了春冬季节的风沙。换句话说,如果不是在满天飘飞的杨絮当中，你可能就是置身于漫天浮尘的黄沙当中。

相对于沙尘暴的危害，杨絮无毒，它不会使空气中的PM2.5或者PM10增加，也不会污染环境和水体，它唯一讨厌的地方就是有点烦，需要人们做好个人防护。就是因为现在沙尘暴几乎绝迹，大家才觉得每到春天这些飘扬的杨絮非常讨厌。

就像叮人的都是雌蚊子，引起飞絮的其实都是雌株，飞絮其实是它的果实。有人说那为什么不种雄株呢？因为鉴别成本太高，它不像鸡一样，一眼就能看出来。当它还是棵幼苗的时候，几乎很难鉴别雌雄，除非做专业的DNA图谱检测。所以在几十年前防风治沙的时候，是没有这个技术能力来做雌雄检测的，就算是有这种技术，它的成本也会高到惊人。

杨絮如果治理起来，其实成本也非常高。通常有两个办法：一个方法是一劳永逸的，就是让它变性。把雌株高阶"换头"，砍掉上半截，然后嫁接成雄株。但是这个手术很贵，变一棵大概需要500元钱，一个熟练的园艺工人一天也嫁接不了10棵，而且这种方式只能用来嫁接那些很矮的杨树。另一个方法的有效期是1年，就是给它打药。简单来说就是给它打避孕药，不让它开花结果。打一棵树的药费加上人工费，需要几十元钱，而且这个还很需要技术，没打好是不起作用的。就算打好了，每年都得打一遍。数量扩展到几十万棵树，人力又会遇到巨大的"瓶颈"。

那么，算一下成本，这件看似非常简单的事情，成本会高到惊人。而有的城市，一年可能花了数千万元来治理杨絮。

其实很多事情之所以难，就是因为贵、成本高。治理杨絮看似简单，操作起来并没有那么容易。消灭杨絮是好事吗？这取决于它的代价有多大。

为何不去沙漠取沙

同样是沙子,河沙价格在 100～300 元 / 平方米,而且每年都涨。沙漠里的沙子却一文不值,白送都没人要,为什么没人想到找车拉过来卖呢?

因为你拉过来也没人买,买家不是为了买而买,而是为了有什么用而买。

看上去都是沙子,但完完全全是两个东西。

河沙值钱就因为它是建筑材料,它可以盖房子,但沙漠里的沙子是不能用来盖房子的。

为什么呢?

首先,沙漠沙中的有害物质含量太高。河沙是河水冲刷形成的,而沙漠沙是风化形成的。冲刷可以把有害的物质带走,但是风化不行,所以它含碱量非常高。而盐碱对钢筋具有腐蚀性,高含碱量的沙子还会跟水泥和水产生化学反应,导致混凝土的强度不够。

其次,尺寸不合格。建筑用砂的直径要大于1毫米,而沙漠沙的直径一般在0.25毫米以下,它太细了,缺乏中砂和粗砂来调节,会影响混凝土的强度,所以不符合建筑标准。

再次,可塑性差。河沙比较圆润,大多为立方体,表面积大、受力均匀、容易成形。但是沙漠沙既油性又光滑,不适合搅拌混凝土。

最后,就算解决了以上问题,还有一个更现实的问题:从沙漠取沙成本太高。这包括人工成本和运输成本。一个建筑工人一天需要300多元的费用,在沙漠里工作的费用怎么也需要翻倍,而且沙漠往往都离建筑工地很远,运输成本又高得惊人。

所有因素加起来,使得沙漠里的沙子一文不值,尽管它看起来也是沙子。所以,在现实中,哪怕是河沙的替代品,首选也不是沙漠沙。不过,没准儿哪天我们发明一项新技术,使沙漠沙的利用价值飙升、价格暴涨也是有可能的。

商品本身永远不重要,商品对我们有什么用,才重要。

奶农倒奶谁吃亏了

在美国,牛奶过剩,奶农倒奶。问题是,奶都倒了,那超市里的奶又是从哪儿来的呢?

答案是:并非所有的人都会倒奶,只有一部分人会倒。因为奶农也是在相互竞争的,大家都希望你先倒,价格涨了我占便宜。同样是奶农,到底谁吃亏,谁占便宜呢?

我们从产业链说起。

在工业社会中,大家分工协作,任何你在超市里买到的商品,背后都有一条庞大的产业链,每个人都只是链条上的一个小环节。这样的好处是分工细、效率高、成本低,可以大规模、批量化生产。但也有一个显而易见的缺点,就是任意一个环节出了问题,链条就会断掉,商品就没法到达用户手里。

牛奶也是一样。在美国,牛奶主要有两个产业链:一个是专门供应学校和餐厅的；另一个是专门供应超市的。这两者对牛奶的需求不同：学校和餐厅需要小盒包装，一人一份，当天喝完；但是超市需要大盒或者大桶包装，一家一份，经济实惠。

每个产业链都有自己的固定客户、合作牧场和加工厂，多年来都是这样。

但在一个时期中，很多学校和餐厅都关门了，天平就开始倾斜了。那些放假的学生是不是不喝奶了？当然不是，他只是回家喝了，只是改喝超市里供应的牛奶了。也就是说，市场的需求并没有减少，但需求转移了，从一条产业链转移到了另外一条，导致有的工厂开足马力，赚得盆满钵满，有的工厂无事可做。

有人说，那改一下生产线不就行了吗？

生产线这个东西，可没那么容易改的。

首先，改生产线花费巨大，买设备得数百万美元。其次，需要时间。你需要调试设备、熟悉流程、培训工人。就算都改好了，还会面临和别的加工厂抢客户的问题。等你改好设备，调试好流程，培训好工人，铺好渠道，学校可能都已经开学了，然后你还得改回来。

所以，这些加工厂的最优解就是：停工。因为迟早要开学的，需求迟早要回来的。

而他们一停工，和他们合作的牧场就麻烦了。产业链上的每个人只负责自己的环节，牧场只生产牛奶，不干别的，你要加工牛奶就得到下一个环节。但是按照规定，生牛奶是不能卖的，得通过巴氏消毒才行，而消毒设备只有加工厂有，工厂又停工了。

你去找新的工厂，人家可能已经饱和了，而且还有信任成本、时间成本、磨合期等一系列烦琐的问题。可能你刚谈好，这边工厂又恢复了。

奶牛这边，尤其是荷斯坦奶牛黑白花，产奶量极大，一天一盆，涨奶之后不挤奶它就会憋坏，甚至有生命危险，所以每天都得挤。

那么对奶农来说，最优解就是倒掉，没有第二个选择。

没有人想倒奶，只是受产业链影响，不得已而为之。

外卖平台的高佣金

很多餐饮人抱怨外卖平台佣金太高,商家苦不堪言,订单提成太高,忙碌一年没挣钱,全给平台打工了。但我们仔细分析一下,事情没这么简单。

只需要问一个问题:为什么不找别的渠道?

答案是:因为别的渠道可能会更贵。尽管佣金不菲,但这也是商户所能接触到的较便宜的渠道。

正是因为平台的投入产出比高,才吸引了越来越多的商家,竞争涌入、拉低回报,提成水涨船高。导致高提成的并不是平台,而是千千万万相互竞争的商家。

高提成之下,你能不能撑得下去,能不能通过更好的味道让消费者复购,能不能精细化运营在竞争中占到成本优势,能不能在成千上万的对手中脱颖而出才是关键。

经济学上，我们不关心一个餐馆怎么样，我们关心所有的餐馆怎么样。我们不关心个体，我们关心的是种群竞争激烈，血海厮杀，个体淘汰率极高，但数量庞大，种群是可以存活的。高价格淘汰的是尾部商户，能在竞争中存活下来的，都是消费者拿钞票选出来的。

我们不关心第一、第二、第三名是谁，我们关心的是有第一、第二、第三名就够了。

佣金设置怎样才算高？对商户来说，它关注成本，当然越低越好，但对市场来说，它只关注行动，你接受，就不高。

一之所失，就是另一之所得。高佣金的另一面，是大部分都转化为骑手的收入，养活了数百万个家庭。

在经济学中，资源永远是稀缺的，渠道也不例外。我们观察任何一个行业，竞争到最后都会反映到价格上去。太阳底下没有新鲜的事情。

既然一个行业可以存活，怎么可能大家都亏钱呢？一定是有人赚到钱了，只是他没有说而已。当一个行业竞争越来越激烈，回报自然就越来越低，如果不能从众多对手中脱颖而出，最后问题就一定会转化为：你愿不愿意多付出劳动，来换取一点点辛苦钱。

价格是一盏信号灯

原价50元的东西涨到100元,很多人就会不开心。其实逻辑弄反了,恰恰是因为涨价,用价格区分了不同人的迫切程度,才使得人们去店里还有商品买,如果不是涨价,可能早就没货了。同理,有人诟病大城市核心区停车费贵,但实际上如果不是因为停车收费,人们根本就找不到位置。

当我们抱怨价格上涨的时候,也应该看到,正是因为价格上涨,才有效隔离了伪需求,给真正需要的人留出了位置。

商品为什么会涨价?因为供需变了。僧多粥少,怎么知道谁更需要才是关键。

有人说,我更需要。

但经济学是不看语言的,语言是主观的,是可以作弊的,每个人都可以说"我更需要"。经济学只看行动,对所有人而言,如果你真的比别人更需要,那么你愿不愿意花比别人更高的价钱去买?对你而言,同样一份钱,买了这个就买不了别的,你愿不愿意放弃别的商品而买这件商品?

愿意,就说明是真的需要。

事实上,我们很难找到比价格更合适的尺度。价格的本质是劳动的比率,就是当对方劳动升值的时候,你还愿不愿意多拿自己的劳动去换。

买家竞争,价格上涨,只有有真正的迫切需求,才愿意坚持到最后。如果禁止别人出高价,就会出现逻辑死结。

比如,50元的商品涨到100元,但卖家一定要50元卖给某位买家。就会有几个问题绕不过去:第一,卖家有没有选择客户的权利?第二,出价100元的买家有没有购买的权利?第三,如果还有1000个买家也愿意出50元,那么又应该卖给谁?于是问题就无限循环了。

事实上,价格不仅可以有效区分需求,更能有效地刺激供给。100个人怎么分20件商品固然重要,但怎样更快地生产出剩余的80件商品更加重要。

价格,就是市场的信号灯。价格上涨,就是告诉厂家要开足马力、加紧生产;价格下跌,就是告诉厂家减少生产、避免浪费。

这本就是市场的自我调节,我们真正要反对的,并不是高价格,而是虚假和欺诈。

我不乱扔你就失业

我们去景区游玩,一定会遇到乱扔垃圾的游客。

"咣"的一声,一个瓶子被扔到地上,清洁工一边扫一边说:"先生,您怎么乱扔垃圾啊?"

那人说:"我不乱扔垃圾,你们清洁工不就失业了?你能有现在的工作,能有饭吃,应该感谢我才对。"

很令人鄙视对吧?但"鄙视"是个情感词。如果从逻辑上回答,这个人到底错在了哪里?

我们这一篇把它讲清楚。

先提个问题:插队有没有素质?

答案是:不一定,得分情况。

比如,在银行里,有老人家排好了队要办理小额存取款业务,你跑到人家前面去,说先办你的。这就叫没素质。

但如果你要办理一张 100 万元的黑金 VIP 卡，不管前面有多少人排队，你都可以随时去随时办，完全不用等，还有 VIP 专区和一对一客服。哪怕你没去，专区也给你留着。这叫有素质。

同样是"插队"，一个有素质，一个没素质。

本质上是你愿意为"插队"付出多大的代价。

代价一样，那就先来后到；代价不一样，那就价高者先得。

底层逻辑都是规则。

产权人可以定规则，消费者也可以选方案。产权人利用规则实现收益最大化，消费者也利用规则实现成本最优解。

有很多这样的例子。比如，坐飞机，经济舱还在排队，头等舱就可以优先登机。如果你买了经济舱的票，就应该遵守经济舱的规则，排好队；如果你买了头等舱的票，就遵守头等舱的规则，多花钱。游乐场也一样，有专门的插队卡，VIP 通道随时进、随时玩。

到底是多花钱少排队，还是少花钱多排队？都可以，这取决于消费者。

但如果你买的是普通票却非要走 VIP 通道，这个就犯规了。

景区也是一样。之所以设置垃圾桶，是为了让游客走过去扔垃圾的，定点投放、定点清理，节省人力、物力。但这里面的问题是：万一有人扔歪了呢？万一垃圾桶满了呢？万一风把垃圾刮出来了呢？种种不可控的因素，决定了景区必须设置一个人工容错。所以前文提到的那位清洁工，就是负责容错的，而不是给某些游客提供一对一VIP服务的。

换句话说，如果真有游客找到景区，说他腿疼，走不到垃圾桶那去，能不能找个清洁工一对一服务，两个小时付19800元的工钱，人家估计也没意见。

但问题就出在，他明明相当于花的是经济舱的钱，却想跑到头等舱去插队。

不守规则却还理直气壮的，才是整个问题的关键点。

第一名的定价权

第一名能不能说了算？能。第一名说了算的范围是他甩开第二名的距离。

比如"苹果税[1]"，就是你通过苹果手机打赏的钱，苹果要扣掉30%。注意，不是3%，也不是13%，是30%。

那可是真金白银的血汗钱，一眨眼，30%没了。怎么看这件事情呢？我们一步步来。

首先，买不起不等于强迫，只是代价的艰难衡量。双方都拥有自己的产权，平台可以决定提成率，商家也可以决定用不用。一旦用了，行动说明一切，没有切换到第二名或者替代方案，就说明这是所有方案中最便宜的。表面上的高代价，实际上是综合

---

1 苹果税：是指苹果对于App Store的收费App都会抽成30%的行为。

折现的最优解，是衡量比较之后最划算的方案。既然是划算的，为什么会感觉那么贵呢？因为单次最优不等于每次最优，市场是反复博弈的，初始条件是随时改变的。情绪是可以积累的，替代方案也是在酝酿中的。

我这一次是买了，我的行动是在表明你是最便宜的。但那只是因为我没有替代方案，也许下一次我还会用你，但那也只是因为我的替代方案还不成熟。而我一旦找到合适的方式，马上就会抛弃你。

你可以高收费，客户也可以找替代。

每一次是最优解，但是每一次也都会有下一次。

在反复博弈中，你的收费越高，替代方案的优势就越明显。

3% 的税率可能不值得折腾，但 30% 就完全有可能。

付费意愿强的用户，打开之后发现苹果无法支付时，可以切换其他支付方式，支付之后，再用苹果登录，名正言顺地绕开收费。尽管转化率会有流失，但相对于 30%，依然有不小的优势。

从产权上讲，第一名可以采取任何策略来变现 IP，实现收益最大化。无论是低收费、长时间还是高收费、短时间，无论是细水长流还是杀鸡取卵都没有问题。但不管哪种方案，自己的决策，自己就要承担结果。

市场是一个聪明的裁判，它会用结果来说话。

你收费太少,是在暗自削弱自我实力;你收费太多,是在变相鼓励潜在对手。只有收费刚刚好,才能在最大变现的同时最大限度地压制对手,这对于平台方来说才是最优解。

直播带货有何价值

"口红一哥"买了豪宅,很多人不理解,凭什么你动动嘴皮子,就能买得起一亿元的房子?

其实可以反过来想,既然这么简单,为什么没有人手一座豪宅呢?

因为动嘴皮子不重要,动嘴皮子能创造价值才重要。

可是货还是那些货,人还是那些人,喊了几句全场最低价,创造的价值到底在哪儿呢?

在优化,资源的优化就是创造价值。

资源本身并不重要,资源的合理分配才重要。同样的资源,在不同人看来价值完全不同。

送给直男一个限量款眼霜,他可能转手就扔了。

甲之蜜糖,乙之砒霜。同样的资源,怎么找到最需要它的客户才是关键，只有在客户那里，它才能发挥价值。而"找"这件事情，是非常复杂的，可不是一句"全场最低价"就能解决的。

每一个服装店在倒闭之前，都会挂一个全场最低价的牌子，可买家依然寥寥无几。

价格只是表象，信任才是重点。

比如，同样的房子，为什么要在这儿加中介签？因为这个中介小伙子看起来踏实可靠，让人很放心。而不放心会导致什么呢？要么不买了，要么再多花些时间研究研究，而这些时间我原本可以做更多、更重要的事。

所以，直播带货，就是利用专业度和信任感解决了分散选择的低效率。同样一支口红，千千万万的人如果要分散购买，可能要多花十倍、百倍的时间，万一选错了，东西就浪费了。而有了意见领袖，专业度没问题，信任度没问题，价格也没问题。于是，你是樱桃小嘴，买它；你是暗黄肤色，买它；你需要俏皮活泼，买它。批量化，高效率，低价格。

商家薄利多销，加快周转；消费者拿到实惠，避免浪费。而中间商自己，也赚了一点点利润，三方得利。

更进一步来讲，同样都是主播，同样的商品、同样的价格，有人能卖出去，而有人就是不行。因为这个行业本身也在优胜劣汰，只有理解产品、理解消费者，知道产品的卖点在哪儿，知道消费者的需求在哪儿,才能精准匹配、完成交易。

只有你真正帮助了消费者,才能得到他们真金白银的投票。你的粉丝越多,你的影响力越强,说明你给大家创造的价值就越大。

经济学不看贫富,只看交易

买卖双方你情我愿,有人吃亏吗?

没有。

那我们问得具体一点,加点情绪化的词语:富人雇穷人擦玻璃,有人吃亏吗?

有。因为看似你情我愿,实际上是富人掌握了主动权。富人的钱更多,占据势能的优势。而穷人为了挣钱,不得不答应他。所以貌似在公平交易,实际上是富人在利用势能优势剥削穷人。

很多人都这么觉得。

世界观为何如此重要?因为一旦扭曲,现实中的人们会处处碰壁。比如有人觉得,他没有钱,就是因为有人在剥削他。

事实上,他完全弄反了。正是因为富人有钱、时间昂贵,才倾向于花钱来买时间。

哪怕再有钱的人，也都希望既不花时间也不花钱，但是做不到啊，因为分身无术。不得已，才要时间与金钱二选一。对富人来讲，选"时间"是一个最优解。而对于穷人来讲，时间廉价、钱更稀缺，时间与金钱二选一，选"金钱"，也是一个最优解。

所以，双方交易一下，皆大欢喜。

富人不仅没有剥削穷人，反而给对方提供了一个选择，如果不是被迫用金钱换时间，就根本不会有擦玻璃的工作。如果给富人擦玻璃，钱挣得少，那么给穷人擦玻璃，会挣得更多吗？

越富的人，时间越宝贵，越肯花钱买时间；越穷的人，时间越廉价，想挣他的钱就越难。

经济学不看贫富，只看交易。

任何时候，交易双方都是一种合作而非剥削关系。而交易的价格也与贫富无关，只取决于竞争对手。

比如，首富的豪车半路抛锚，需要找人帮忙推车。正常价格是500元一次，可如果方圆10里只有一个路人，哪怕他张口就要5000元一次，首富也得乖乖给钱。

尽管穷，但穷人依然有话语权。

任何时候，价格低，都是因为买家太少、竞争不足，或者卖家太多、压低价格，而不是买家剥削卖家。

穷和富并没有贵贱之分，本质是劳动效率的不同。你之所以请得起保洁阿姨，是因为你的劳动效率比保洁阿姨高，你半天的劳动可以换她一天的劳动，而不是你占了她半天的便宜。

那些坚持认为贫富交易就是剥削的人，为什么不把自己家保洁阿姨的工资提高一倍呢？因为你也会说："本来人家想要6000元的，但你只给3000元，她没办法也只能答应了，因为她需要钱。"

道理都是幌子，利益才是重点。

他们相信某个说法并不是因为对，而是可以给自己带来好处。老板给自己开工资，剥削了自己。自己给保洁阿姨开工资，公平且合理。

经济学中，交易永远有利于双方，持续交易就会持续繁荣，每个人都在变富。

贫富差距虽然客观存在，但相对差距却在不停缩小。以前是自行车和小汽车的差距，现在是经济车和豪华车的差距。普通人享受了经济的繁荣、科技的便利，生活水平远高于几十年前的富人。

很多人太过于在乎绝对的贫富，只看空间轴，却忘记了时间轴。

数字毫无意义，生活水平才有意义。

富的本质是效率，用更高效的方式创造更多的财富，叫"富"。以前干一天活才能吃饱，现在干一个小时就能吃饱，这就叫"富"。生活的便利、交通的发达、效率的提高、医疗的进步、教育的普及，这些全都是"富"，如水一样隐藏在各个角落里，滋润着每个个体，只是很多人没有看到。

嫉妒蒙蔽双眼,自私扭曲心智。

任何时候,交易的双方,永远没有输家。

第三章

金融理财

如何避免成为韭菜

越穷就越不要理财

穷人不要理财,越穷越不要理。

不要相信理财可以致富,理财是不可能让穷人变富的。尤其是在你没有钱的时候,再怎么理都毫无意义。

凡事一定要分权重,没有钱的时候,你的最高权重是本金,而不是利息。

人生真正的理财,应该从赚够 500 万元开始。

一个 20 岁开始竭尽全力各种算计、各种理财,与一个 20 岁花光、用光所有财产,完全不考虑复利奇迹的人相比,他们在 30 岁时的净财富,不会相差 20%。

人生最无用的事情,就是在年轻苦寒的时候,费尽心机地攒下几万元钱。

越穷,就越不要在乎利息,而要在乎本金。越穷,就越应该投资自己，提升自己，越应该改变那个最大的权重。

钱可以再挣，而时间不行。

如果你很穷，你最好的策略是把人生调到快进模式，用最短的时间摸清楚规则。你仔细想想，如果10年前，你就有今天的判断力，你的人生会达到怎样的高度。

人生最悲惨的事情，是好不容易摸清了规则，却发现游戏已经结束了。

年轻，最重要的是提升自我、摸清规则，多经历、多踩坑，压缩时间、压缩苦难，拼命和时间赛跑，来换取提早一天的大彻大悟，而绝对不是花时间去计算小数点后面又多了多少利息。

钱不值钱，时间才值钱。

一旦你人过中年，两手空空，再想翻身，基本就没有机会了。而你省吃俭用攒下来的那点钱，只是杯水车薪，毫无意义。目光，要放长远。收益，要看全时段。

人生的不同阶段，无非就是时间和金钱的比率。

重要的是比率，比率，比率。

20岁的时候，一天能换100元钱；30岁的时候，一天能换1000元钱；40岁的时候，一天能换10000元钱。你改变不了时间，但是你可以改变比率，通过努力让比率无限变大，就等于你用未来的一天，换取了现在的一年。这才是大智慧。

一定要盯着比率，绝不要盯着数字，绝不要觉得花钱就是浪费。真正的节约是全流程的，是用 10 年、20 年、30 年算一次最优解的。

有些人特别喜欢节省，特别喜欢攒各种优惠券，特别喜欢计算利息又多了多少。这不是不行，但它最大的问题是你永远无法摆脱当前的层级。

想摆脱，就只有一种方式：改变比率。

把有限的钱投资到自己身上，把有限的钱用光、花光，把日常消费压到最低，把学习提升开到最大。凡是能提高效率的，买；凡是能提升自己的，买；凡是能给你带来机会的，买。

因为一无所有，所以才不怕失去。

用钱换时间，对富人重要，对穷人更重要。

怎么识破投资骗局

怎么识破投资骗局？

一个普通人，金融知识有限，书读得不多，阅历也不丰富，有没有什么办法可以让他尽量识破各种骗局？

有，最简单的就是穷举法，把最容易出现骗局的地方都列举出来。每个魔术都给他揭秘一遍，下次再遇到变戏法的，就没那么容易上当了。

很多时候你被骗，是因为你压根儿就没有意识到这是个骗局，从头到尾都没想过这里还能骗人。虽然知道了并不代表你就能避开，但至少能多个心眼儿。

我列举出来以下十一个最容易出现金融骗局的高风险领域，然后再告诉你怎么识别。

第一，让你看广告赚外快，说消费了就返你钱的；

第二，让你投资境外股权、期权、贵金属和外汇的；

第三，让你投资养老产业，说免费养老、以房养老的；

第四，让你私募入股、合伙办企业，但私下交易，不办理工商注册登记的；

第五，让你投资虚拟货币或者区块链技术的；

第六，让你投资扶贫、互助、慈善，或者影视文化项目的；

第七，在商场、超市、街头给你发各种理财广告的；

第八，组织你去考察、旅游、办各种讲座的；

第九，告诉你邀请朋友、推荐会员有返点的；

第十，网站和服务器在境外的；

第十一，让你以现金方式或向个人账户、境外账户汇款的。

你也许会问，有这些特征就一定是骗局吗？不。但骗局特别容易出现在这些领域，尤其是符合三条以上的，极有可能是骗局。

遇到这种事情，最直接的办法是拖。先拖三天，在这三天之内，不要再联系这个人，不要再接收他发给你的任何东西。

然后这几天你干吗呢？

记住三个步骤：

第一步，把"品牌"和"骗局"两个关键词放在一起搜，只看负面新闻，看看有哪些坑是你没想到的，看看别人都替你踩了哪些坑。搜"品牌"没有结果的，就把"项目名称"和"骗局"

放在一起搜,如"区块链骗局""养老骗局""私募股权骗局",看看骗局的模式,看看它都会怎么骗,然后一条一条逐一对比。

第二步,逻辑分析。经济学有一条铁律是:流动性、收益性和安全性不可兼得。所以,仔细查看宣传内容,尤其要看有没有暗示你有担保、无风险、高收益、稳赚不赔这些内容,特别留意那些能随时变现的。因为骗子为了让你加入,往往会告诉你可以随时变现、随时退出。但问题就出在这儿,无风险利率只有4%,如果回报很高还能随时变现,那就意味着你拿的每一分钱都是以丧失本金为代价的,这是铁律,没有例外。

第三步,核查相关资料。营业执照是最基本的,没有就不要碰,有的话也不代表安全,尤其是涉及金融的,一定要查一下金融牌照或者有没有金融部门的批准。查得到,不代表你能赚钱,但是查不到,那就万万不能碰。一定要记住,大部分人都不是那块料,大部分人都赚不到那份钱。他们唯一的作用,就是被收割。

钓过鱼吧?每条鱼咬钩之前,都觉得蚯蚓是从天上掉下来的。

鸡蛋该放几个篮子

有人说，鸡蛋不要放在一个篮子里，存款的 30% 一定要用来买基金，另外 30% 用来买股票。

不要再开玩笑了。你理了这么久，发财了吗？没有吧。因为没有人告诉你后半句，那就是一定要先把一个篮子装满，再去装其他篮子。

确保安全没问题，但安全是有前提的，那就是资金量。

密码长一点当然好，但 6 位数的密码保护 1 位数的存款，就没什么必要。

讨论任何场景，一定要考虑到前提，考虑到最大权重。

对于一个普通人来说，最大的权重是什么？是钱不够。他不是富二代，也没有中头彩，不是说有 3000 万元、5000 万元，都放在一个渠道怕出问题。他就那几万元的工资，就几十万元的存款，他最大的权重是基数,而基数太小了。你一共就3个鸡蛋,还想分4个篮子装,这不是开玩笑吗?

不同的资产,是有不同的维度的。在你没什么钱的时候,你要找的第一权重就是低风险、高收益的产品,然后把它填满。有人说怎么会有这样的产品呢?当然有。你去查一下"不可能三角",如果想获取低风险高收益,应该牺牲什么?流动性。就是把你的钱转化为资产,别动它,虽然它变现慢,但是风险低,收入高。

请问是什么资产?房产。一、二线城市核心的房产。房子不是今天买、明天卖,它是一个长期的资产。平时可以住,同时享受城市红利,需要的时候还可以变现。

很多人选错了方向,他们选择了流动性和高收益,结果亏得一塌糊涂。比如,P2P[1]随时可以变现,收益还特别高,那安全性就一定惨不忍睹。

有舍才有得,知道为了得到什么,可以放弃什么,才是大智慧。

很多年轻人房子还没买,谈什么理财呢?你的第一个篮子还没装满,连最基础的低风险、高收益的资产都没有配置,居然去冒险买股票、买基金,这才是最大的风险。

---

1 P2P:是英文 peer to peer lending(或 peer-to-peer)的缩写,意即个人对个人(伙伴对伙伴)。又称"点对点网络借款",是一种将小额资金聚集起来借贷给有资金需求人群的民间小额借贷模式。

在大城市买一套房子就足够你劳神劳心了，足够 6 个钱包的投入了。你忽略了这个最重要的权重，而去考虑细枝末节的东西，为几千元的收益沾沾自喜，觉得自己掌握了金融法宝……夏虫不可语冰。

你想过没有？就算你要这么做，也还有一个严重的问题——精力分配。

不是投入 30% 的资金，就要分配 30% 的精力的。有些东西你不需要投入精力，也没问题，有些东西你投入大部分精力，还远远不够。

任何时候，资源都不是无限的，你就那么点时间，下班之后就那么几个小时，你还要抽出 30% 的时间去研究股票，抽出 30% 的精力去研究基金。这样的结果就是，任何一个领域你都研究不透，每一个领域里都很难赚到钱。

你所谓的"忙碌"，只是一服安慰剂，你觉得自己挣到了一点钱。其实换一只猴子选，也不一定比你差。而且你还不一定能挣钱，一旦亏损，心态就会出问题，各种学习、各种指点、各种"韭菜"送上门。

赚钱只和行业的深度有关，再古老的行业也有人能赚钱。但前提是你一定要研究透了，一定要透，绝对不能东一榔头、西一棒槌，否则你一定会两手空空。

得意扬扬地赚了几千元，房子买错亏了几十万元，图什么呢？

第一个满了，再去放第二个，第二个满了，再去放第三个，最后那个篮子才是用高风险博取高收益的。

这才叫"别把鸡蛋放在一个篮子里"。

理财是个近景魔术

几乎绝大部分理财,就其本质而言,是一个骗局,其核心是障眼法。

你看过近景魔术吗?鞋子里面变出一个鸡蛋那种。我们都知道鞋子里面不能有鸡蛋,但他真的变出来了,靠的是什么呢?转移注意力。

鞋子脱下来,"啪"的一声掉了一枚硬币在地上。在你纳闷这硬币到底硌不硌脚的时候,他把鸡蛋塞到鞋里,然后再慢慢拿出来。这一方法效果卓著。

不要以为眼睛是万能的,其实你能看到的寥寥无几。

比如,你爱人今天穿的什么鞋?你一定看到过,但是你的注意力不在那儿,所以你根本记不住。

明白了这个,你回忆一下理财方案:怎么选基金,怎么选股票,怎么挑基金经理，多少买这个，多少买那个，反正就是这些东西，来回调。

这叫什么？这叫转移注意力。当你的眼光都盯着回报率的时候，你就会自动忽略一个最关键的东西——权重。

资产结构是要加权计算的。

举个例子。假如你有1000元，各种方案一番操作，按照4%的年回报率，一年可以挣多少呢？40元。有价值吗？没价值。你少吃顿饭，今年的财就理完了，还能减点肥。

假如你有10万元呢？你兢兢业业地理财，拼命优化各种组合，一年6%的回报率，赚了6000元，看上去好像不错。

可是你别忘了，就算你什么都不做，你买个某某宝，一年也有3%的收益。也就是说，哪怕你拼命折腾，也不过多赚了3000元。

关键点在哪儿？权重。

权重太低，结果毫无意义。

你想通过理财赚收益，那你的本金至少得500万元，才会有一年15万元的理财收益，才值得你去折腾一趟。可最大的问题就在于，你没有500万元。

你仔细想想大部分人的资产结构，无非就是房子、工资收入、父母赠予、理财收入。

如果你是个北上深的年轻人，那你绝大部分资产可能是房子和父母的赠予；如果你是个白手起家的奋斗者，那你绝大部分资产是加班工资或者创业收入。

无论如何都轮不到理财。

导师告诉你，理财的关键是复利，可以慢慢变多，开始不起眼，但是会越来越快。

我告诉你，不可能。

因为通货膨胀也是复利的。

所谓的"理财收入"，永远不会超过你资产的5%，永远只占小头。

20岁的时候，房子100万元，你的年薪10万元，理财收入5000元。

30岁的时候，房子200万元，年薪20万元，理财收入1万元。

永远只占5%。

很多人理了一辈子的财，最后发现增值最多的，居然是自住的那套房子。很多自以为是的理财者，津津乐道自己的收益，但只要他没买房，一辈子的努力，未必能够买到一间厕所。

财富跃升的唯一途径，是放大你的最大权重，而绝对不是靠吃利息。再说一遍，是放大你的最大权重，而绝不是把细节做完美。

普通人最大的权重是什么？房子。

踏踏实实买一套房，认认真真选对房子，你就超过了99%的无知者。

日赚 600 元的兼职真相

对方给了我 600 元,让我办张银行卡给他,说是线下刷单用,卡和 U 盾都拿走了,还拍了身份证,请问我有什么风险?

当然有了,他直接说洗黑钱,你敢借吗?所谓"洗黑钱",就是把非法的钱变成合法的钱。做黑产也是要控制成本的,总得有一个听上去合理而无害的理由,才能卸掉别人的防备,压低价格。

生活不是动画片,谁好谁坏一目了然。生活是一部伪装剧,所有的非法都会披着无害的外衣。只有从逻辑层面抽丝剥茧,真相才会水落石出。

日赚 600 元好不好呢?当然好。但更进一步的问题是:你有什么资格日赚 600 元?

利润的核心是超出竞争对手,要么能力特别强,要么资源特别好,要么信息特别准。能量总得守恒。如果没有任何地方能超出对手,却能轻松地一天挣600元,那就只剩"风险特别大"这一个选项了。

遇到这种情况,你可以反过来想,这600元是不是别人挣不了?当然不是,别人只是更清楚后果的严重性而已。

而无知者往往无畏,为一点蝇头小利铤而走险,结果必定后患无穷。

洗黑钱的人,最喜欢这种为几百元钱沾沾自喜,却对危险浑然不觉的无知者。几千万元的赃款目标太大,分成几万份"蚂蚁搬家",就隐蔽得多。可蚂蚁去哪儿找呢?大学校园。

当年,某地警方在一起网赌诈骗案背后,挖出了一条银行卡非法购销线索,600多名长沙高校学生,在介绍人的带领下,坐高铁去武汉异地开卡。统一培训话术,办好四件套,多级分销之后,最终以每套4000元的价格卖给境外的网络赌博团伙。

对涉世未深的学生来讲,办一张卡就能挣300元还包吃包住,足以使其心动。甚至有一些学生为了挣生活费,主动要求拉业务赚提成。那起案件中,涉案的20名嫌疑人,居然有一半以上是学生。

此外,还有很多"跑分平台",也就是洗黑钱的资金池,把黑钱通过你的收款账户转出来洗白。最常见的就是出租收款码。有人为赚几百元的手续费上了黑名单,导致5年之内被暂停支付账户的所有业务，且不能新开账户，5年之后也会成为重点审核对象。

合理评估潜在风险，是现代社会的必备技能之一。

暗流无处不在，有些危险，越早知道越好。

期货到底什么意思

2020年5月,原油期货价跌到负数,很多人没明白"期货"到底是什么。这一篇我们争取一遍过,把它讲明白。

"现货"好理解。我有1元钱,买了你1个苹果,这叫"现货"。但如果咱们两个约定,明年的今天,我还拿1元钱去买你1个苹果,这就叫"期货"[1]。所以它的英文是futures,就是未来、将要发生的事情。

既然是未来,收益和风险就是并存的。万一来年苹果涨到了2元钱1个,卖家可能就不想卖了。或者跌到0.5元,买家又不想买了。

为了防止反悔,双方就得签一个合同,就是约定明年的今天咱们还在相同的地方,我还是给你1元钱,你还是给我1个苹果。

---

[1] 因双方达成约定,此处严谨说法应为"远期合约",为方便读者理解,我们在此称它为"期货"。

这样的好处是什么？对于卖家而言，如果我担心第二年的苹果价格下跌，那么通过这份合同，我可以锁定价格，至少我可以卖到1元钱1个。对于买家而言，他也有一个套利的机会，如果来年的苹果涨到2元1个，我每个苹果就能赚1元。

但是，来年的苹果价格要么涨，要么跌，也就是说，必有一方会判断错。所以一个人赚的钱，是另外一个人亏的钱。

那么，这期货交易的意义是什么？经济学的基石是交易产生财富。只要双方都乐意，就是好事情，效用就会最大，财富就会最大化。

有人说，这太抽象了，还是没看出到底哪里产生了价值。

我们从期货的起源说起。1830年，美国西部是产粮区，东部是消费区。但是因为仓库不足、交通不便，经常会遇到丰收的时候，粮食被运到东部去，大大超过了当地的需求，价格一跌再跌，农民就很亏。而第二年，可能又会因为粮食短缺，价格飞涨，消费者买起来又很贵。同时，那些粮食加工企业也容易买不到原材料，导致没法生产，于是造成了一系列连锁的麻烦。

为了解决上述问题，就有一些中间商自己建立了一些仓库，从农民手里收购粮食，再卖到东部城市赚差价。这样一来，就多了一道缓冲，抵消了一部分暴涨、暴跌，但这个缓冲本身也是有风险的，中间商也可能会亏本。于是，就发展出了2.0版本，中间商和粮食加工商签订合同，锁定价格，中间商减少了风险，加工厂也避免了原料不足的尴尬。

所以，尽管风险并没有真正消失，但是可以通过这种方式把风险分散给不同耐受度的人，从而提高整个市场的容错能力，使得商业活动更有序地进行。

这是一个令人惊叹的天才想法，市场创造一切。

什么是价格的深度

某股价 23 分钟断崖式暴跌 47%，1000 亿港元[1]瞬间蒸发，而罪魁祸首，仅仅是区区 10 亿港元的抛盘。这是一则 2015 年的新闻。

为什么区区 10 亿港元，就可以损伤 1000 亿港元的财富？按理说，都已经是千亿富豪了，掏点钱，把 10 亿港元的抛盘接下来不就行了，干吗非得损失 1000 亿港元呢？

到底发生了什么？

价格深度被击穿了。

什么是价格的深度？我们看表 3-1。

当前的价格是 8.55 港元。很明显，作为卖方 1，他是出不来的，500 万手股票不可能变成现金。如果他一定要变现，强行抛售，会

---

[1] 1 元人民币约合 1.2011 港元。

发生什么？深度击穿，价格暴跌。从8.54港元到8.53港元再到8.47港元，所有的区间都会被击穿。价格会一直下跌，甚至跌到想象不到的位置。于是，就出现了开篇的一幕。

表 3-1

	价格（港元）	数量（手）
卖3	8.58	500000
卖2	8.57	500000
卖1	8.56	5000000
	8.55（当前价格）	
买1	8.54	350
买2	8.53	230
买3	8.51	105
买4	8.47	1200
买5	8.43	425
买6	8.31	150
买7	……	……

一家市值高达3000亿港元的公司，在价格被击穿之后，股票瞬间暴跌47%，千亿港元市值灰飞烟灭。

这说明了什么呢？说明按照"股价 × 股数"来计算市值是不对的。

只有那种小得不能再小的散户，如路人甲、路人乙，全部财富只有几百股，才可以按照当前8.55港元的最后一次交易价，来计算实际财富。而资金稍大一些，哪怕是几十万元、几百万元的金额，也可能导致价格的移动，难以在一个价格之内成交。如果资金再大，到了几千万元、几亿元的规模，就容易引起价格的"剧烈波动"。更极端一点是"老庄股"，几乎是彻底出不来的。

价格是三维的，如果忽略深度，就会出现很多看似诡异的情况。这就是为什么宁可亏 1000 亿港元，也不肯拿 10 亿港元去接盘。

二维生物苦思冥想，为什么一个阴影会先变大后变小。可在三维生物看来，就是一个球体穿过了平面而已。

认知多一个维度，世界就会通透开朗。

数字货币和区块链

如果有人拿"数字货币"和他的"某币""某链"混为一谈，告诉你这是未来的大趋势，或者他们的技术有多么"高大上"，那他极有可能是一个骗子。因为这是完全不同，甚至完全相反的东西。

我打个最简单的比方，让大家再也不会混淆。

我们先讲清楚什么是"区块链"。完全没有那么复杂，它就是一个去中心化分布式的记账系统。

这么说你可能听不懂，那我们先说什么叫"中心化"。举个例子，某个村子有一位老村长，张三向李四借了100元钱，然后老村长就在自己家的账本上写"张三欠李四100元钱"。

老村长是什么？是整个村子的核心，就是"中心"。老村长来记账，就是"中心化"的记账系统。

反过来，如果家家户户都有个账本，张三向李四借100元钱，大喇叭一喊，每个人都在本上写"张三欠李四100元钱"。它就没有一个"中心"，这就是"去中心化"的记账系统。

所谓"高大上的区块链"，就是家家户户一起记账，那一堆听不懂的名词——"公钥""私钥""智能合约""图灵完备""权益证明""工作量证明"……不要被吓到，那就是家家户户记账中的一些细节。

那么，"去中心化"好在哪儿呢？它不容易被篡改。如果是老村长记账，张三拎了两瓶酒，半夜跑到村长家里去，求村长帮忙划掉，虽然有难度，但只需要搞定一个人。可如果家家户户都记账，得把大家的账本都改了才行，难度就大了几个数量级。

两个方式哪个更好呢？答案是：没有优劣之分，取决于你的策略和权重倾向。

我们知道，任何一个东西，如果优点非常突出，那么缺点也会同样突出。那么，分布式记账的缺点是什么？

效率。

张三向李四借100元钱没问题。

可是张三要向李四借100元钱，把其中30元钱还给王五，70元钱借给马六，马六再还40元钱给薛七，薛七拿出15.5元借给姚八，姚八再凑84.5元还给王二麻子，王二麻子拿到100元钱之后，又还给了张三。这个链条扩大100倍、10000倍会有什么结果呢?

村民就不用干别的事了。大喇叭不停地响,他们就不停地记。这中途有人想上个厕所、喝口水,就会导致效率低下。如果是老村长一个人来记,反而会好很多。

老村长是什么?就是银行,它是一个中心节点,所有钱的往来都要经过这个节点。

而"数字货币"实际上是什么?那就是纸币的电子化。好比一个魔术师,他把纸币变到你手机里去了,以前你手里有100元钱,是某某编号,现在变成手机里有100元钱,编号还是某某。它依然是属于中心化的记账系统的,尽管用到了部分区块链技术。

以后,再遇到有人把央行数字货币和区块链混在一起侃侃而谈,记得多留一个心眼儿。

亏钱的人去哪里了

亏钱的人去哪里了？我们知道，股市是个"零和博弈[1]"，并不直接产生财富。也就是说，一个人挣的钱是另一个人亏的钱。所以，人们就会觉得很奇怪，比如股市大涨10%，那意味着每个买了这只股票的人的财富都增加了10%，那请问亏钱的人在哪儿？

首先我们要明白，"涨"不等于赚钱，所谓的"涨"，只是一个计算方式而已，是财富的投影，赚钱的关键是能不能变现。而一旦变现，就要涉及价格的深度。

价格是三维的、立体的、有深度的，深度不够，量变产生质变的时候，价格就会被击穿。

---

[1] 零和博弈（zero-sum game）：又称"零和游戏"，与"非零和博弈"相对，是博弈论的一个概念，属非合作博弈。它是指参与博弈的各方，在严格竞争下，一方的收益必然意味着另一方的损失。博弈各方的收益和损失相加，总和永远为"零"，双方不存在合作的可能。

好比苹果 1 元钱 1 个,理论上任何人都可以用 1 元钱买 1 个苹果。但能不能所有人都用 1 元钱买 1 个苹果呢?答案是:不行。因为一旦所有的人都去买,价格就会涨到 2 元、3 元,一直到 10 元,会击穿它现有的价格。

买什么什么就会涨,买什么就会击穿什么的价格。

一个人买和所有人买是两回事。

所谓的"1 元钱"只是一个边际价格,它指的是在某一天、某个时间、某个人在某个地方花了 1 元钱买了 1 个苹果。

股市也是一样,涨了 10% 只是边际价格涨了 10%,推算出每个人的财富增加了 10%。这个时候,一个人抛售变现,可以赚到钱。100 个人抛售变现,也可以赚到钱。但是当 100 万人都想变现抛售的时候,就出问题了,因为你要卖,就得有人买,当卖的人越来越多,买的人不够的时候,价格就会越来越低,没人接盘,价格就被击穿了。

10 元涨到了 11 元,无论是 3 元买的,还是 789 元买的,大家都觉得自己赚到钱了。但是随着抛售者越来越多,价格就越来越低。跌到了 6 元钱,原本那些 789 元入手的人就被套牢了。必须要等下一个人进来,肯花 10 元钱买,自己才能解套,否则卖一个亏一个。

能量永远守恒。零和博弈中,一个人想挣钱,就必然要找到另一个亏钱的人,永远不可能所有的人都挣钱。

亏钱的人就在他们中间,只是他自己还不知道。

上涨的时候,每个人都欢欣鼓舞。

潮水退去的时候,裸泳的人就出现了。

什么是真正的增长

"牛市"真的来了吗?分析数据之前,我们得先弄清楚什么是真正的增长。

比如,一家做铁锅的公司,每天就是"咣咣咣"地闷头做,既不开发新客户,也不开发新产品;既不设法压缩成本,也不考虑财务运作收购重组。就那么日复一日地做锅,一年能做10万口。

年底总结,我们看一下增长如何。

2018年,成本10元,卖20元,净利润100万元;2019年,成本11.5元,卖23元,净利润115万元。

厂长红光满面,今年增长了15%。

更进一步,如果我们清点一下库存和固定资产价值:2018年资产价值80万元;2019年资产价值95万元。

仅仅是"固定资产升值"或者把库存以会计法则重估一下,

企业就又赚了十几万元。这部分利润入账,财务报表会更好看。

可为什么呢?一个不思进取的公司,永远千篇一律的产品,为什么财务数字上却增长了15%呢?

问题出在通货膨胀上,我们生活在一个普遍通货膨胀的时代,物价随着钱的数量不断上涨,水涨船高。船其实没动,是水在涨,人们产生了错觉而已。

10年前的馒头,现在多少钱一个?馒头店在不停增长吗?10年前的云吞面,现在多少钱一碗?云吞面店在不停增长吗?每年,从馒头到云吞面再到小时工阿姨的工资,全都在不停上涨。

也正是这个因素,使得任何一个包子店、馒头店,哪怕极度平庸、不思进取,财务报表也依然喜人。

铁锅厂也是,哪怕厂长什么都不做,也完全不影响业绩在数字层面欣欣向荣。

数字是可以粉饰的,所有的财富数据,都应该减去隐性通货膨胀的"应有增长",才有分析的价值。

卸了妆,才能看清素颜什么样。

回报率的正确算法

为什么有些股票平均年化收益这么好,挣钱的却寥寥无几呢?因为回报率的算法错了。

拿二维地图去导航三维的世界,一定会掉进坑里,因为缺了高度。

具体一点,我们看图 3-1:

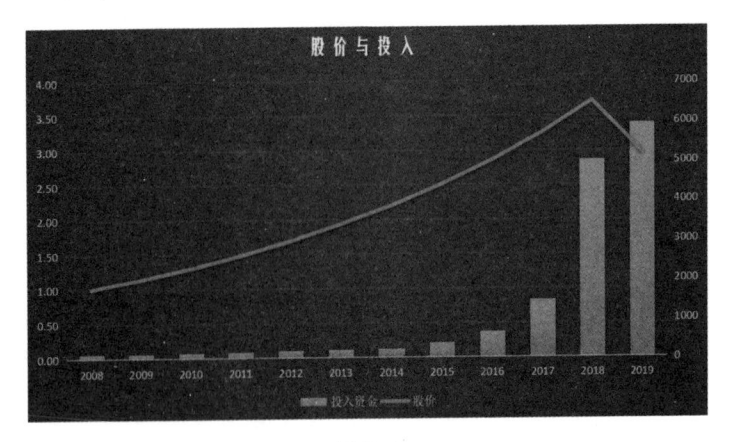

图 3-1

这是一个虚构的股票，折线是价格，2008年1元，然后一路上扬，完美的指数上升轨迹；一直到2018年涨到3.71元，十年翻了3.7倍；第二年高位小幅调整，下跌20%，适合吸筹买进。

在任何一本教科书里，它都是一只"完美股票"。很多基金经理也会热情地推荐这个难得一见的"蓝筹股"。

如果你买了，对应每年买入的资金量，增长幅度约为14%，后几年有所增加。

那么重点来了，它的回报率是负数。

怎么能是负数呢?

这个是具体数字，我们再算一遍。累计共投入14489.90元，买到4875股，每股单价2.9722元。最后收盘价是2.97元，当然是亏钱的。年化回报，大约是-0.09%。

表 3-2

	A	B	C	D
1	年份	股价	投入资金	所买股数
2	2008	1.00	100	100
3	2009	1.14	114	100
4	2010	1.30	130	100
5	2011	1.48	148	100
6	2012	1.69	169	100
7	2013	1.93	193	100
8	2014	2.19	219	100
9	2015	2.50	375	150
10	2016	2.85	642	225
11	2017	3.25	1463	450
12	2018	3.71	5005	1350
13	2019	2.97	5932	2000
14			14489.9	4875

为什么一只如此完美的上升股,最后是亏钱的呢?

问题出在了交易量上。

回报并不是某一笔的投资回报,而是十几笔的总回报。

许多人沾沾自喜最成功的那笔,通常是第一笔,就是从1元到3.7元那次。但投资是客观的,回报是基于交易量的,真正科学的算法是XIRR函数。

格式如下:

表3-3

	A	B	C
1	日期1		金额1
2	日期2		金额2
3	日期3		金额3
4	日期4		金额4
5	日期5		金额5
6	日期6		金额6
7	日期7		金额7
8	日期8		金额8
9	日期9		金额9
10	日期10		金额10
11	日期11		金额11
12	=XIRR(C1:C11, A1:A11)		

左边是日期,右边是金额,在Excel里面用XIRR公式拉一下,就知道真实的年化回报是多少。

有人说你这例子不对,这个人怎么会这么笨,跌的时候买的最多?

我们放大去看,把一个人变成一群人就好理解了。

比如，某只股票开场的时候 100 点，但是量很少、买不到，后来价格越来越高，到了 200 点、300 点、500 点，买的人稍微多了点，到 1000 点时开始大量扩容，大部分人才得以进场，主力仓位基本都会在这个点位，这个时候只要微跌 20% 到 800 点，总体就是亏损。但是从数字上看，确实从 100 点涨到 800 点，翻了 8 倍。整件事情的关键在于高位扩容，这就是为什么年化收益看似很高，但是依然有大量的人在亏钱。

正确的计算方式应该是严格遵循 IRR 表格，每一年是股民的净现金投入，一直到最后一年，他们手里的财富是总流通市值，然后用 IRR 表格公式拉一下，才会得出真实年化。

表 3-4

	A	B	C	D	E	F	G	H	I
				fx	=XIRR(H2:H17, A2:A17)				
1	年份		现金融资额：IPO+配股+大股东减持	券商佣金	印花税	现金分红		累计现金	
2	年份1							C2+D2+E2+F2	
3	年份2								
4	年份3								
5	年份4								
6	年份5								
7	年份6								
8	年份7								
9	年份8								
10	年份9								
11	年份10								
12	年份11								
13	年份12								
14	年份13								
15	年份14								
16	年份15								
17	年份16								
18								=XIRR(H2:H17, A2:A17)	

但这依然有问题，因为还少了一个维度，总流通市值也是有

价格深度的。抛售量超过阈值,价格会被击穿,抛售100股和抛售10万股,单股价格会有天壤之别。

真正的算法是要回归本质,一只股票的价值应该等于它未来所有现金流的贴现[1]。但残酷的是,很多公司直到破产,分红甚至都拿不回现在的股价,这还没算交易手续费。

公司不是永续的,估值一定是要考虑折旧的。

商业风起云涌,巨头轰然倒下,谁可以保证自己手里的那些公司30年后依然存在,还能正常分红?

按这个思路去拆解,就会发现一个很诡异的情况。以美股为例,几乎所有股票在破产之前,分红都拿不回本金。但把它们集合在一起,几千只股票构成市场,整体却能赢利,指数也一直在涨。

为什么呢?

因为新人在源源不断地进入,不停地输入能量,指数才不会下跌。

只有有人接盘,有人才可以套现离场。

算法不难,面对内心才难。

---

[1] 贴现:是一个商业术语,指付款人开具并经承兑人承兑的未到期的商业承兑汇票或银行承兑汇票背书后转让给受让人(持票人),受让人(持票人)向银行等金融机构提出申请将票据变现,银行等金融机构按票面金额扣去自贴现日至汇票到期日的利息,将剩余金额支付给持票人(收款人)。商业汇票到期,最终持票人凭票向该汇票的承兑人收取款项。

反直觉的真实利率

比吃亏更亏的是什么？是对吃亏的浑然不觉。

很多时候，直觉并不一定是对的。它极有可能是错觉，尤其在选择贷款产品的时候。

各种各样的借贷产品，各种各样的还款方式，怎么知道它的真实利率是多少？怎么选择一个最合适的方案？怎么避免被蒙在鼓里还毫无察觉？这一篇我们把它讲清楚。

很多人习惯用利息除以本金来计算真实利率。遗憾的是，大多数情况下，这个结果都是错的。

比如最常见的"借呗"。你借了1000元钱，有两种还款方式：一种是先息后本；一种是等额本息。先息后本总利息是113.7元，等额本息总利息是64.5元。

请问哪个方式更便宜？

图 3-2

大多数人会说第二个。因为利息才 60 多元钱，而第一个 100 多元钱。

这就是直觉错误。

利率分两种：一种我们叫它"名义利率"，另一种我们叫它"实际利率"。

如果想知道"名义利率"，可以直接用利息除以本金，这是 APR[1] 算法；如果想知道真实利率，必须要用 IRR[2] 算法。

具体做法是，在 Excel 里面做一个这样的表格，输入每个月的净现金流，然后按图一键计算就行。

1　APR：Annual Percentage Rate 年度利率，在此我们称其为"名义利率"。

2　IRR：Internal Rate of Return 内部收益率，在此我们称其为"真实利率"。

表 3-5

	A	B	C	D
1	初始现金流	-1000	-1000	期数
2	每月现金流	13.2	88.71	1
3	每月现金流	9.3	88.71	2
4	每月现金流	9	88.71	3
5	每月现金流	9.3	88.71	4
6	每月现金流	9.3	88.71	5
7	每月现金流	8.4	88.71	6
8	每月现金流	9.3	88.71	7
9	每月现金流	9	88.71	8
10	每月现金流	9.3	88.71	9
11	每月现金流	9	88.71	10
12	每月现金流	9.3	88.71	11
13	每月现金流	1009.3	88.71	12
14	实际月利率	1%	1%	
15	实际年利率	12%	12%	

B14 =IRR(B1:B13)

以"借呗"为例，通过 IRR 计算发现，上面两种方式的月息都是 1%，年息都是 12%。完全没有区别。选等额本息只是直觉上感觉便宜，实际是完全一样的。

奇怪了，为什么会这样呢？因为你手里可用的本金量不一样。

虽然都是借 1000 元钱，但等额本息意味着你在不停地归还本金，实际每个月能用的钱越来越少，所以名义利率更低。

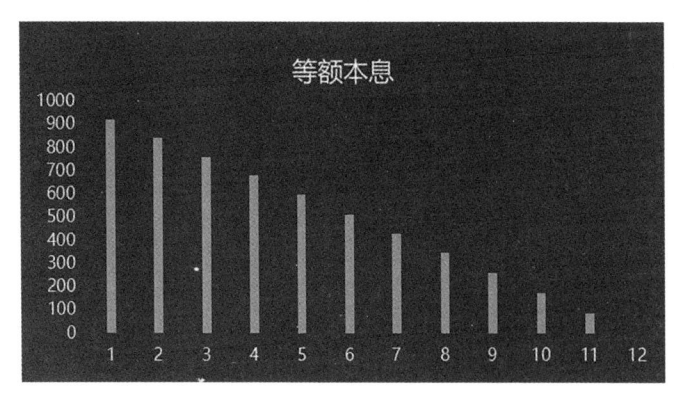

图 3-3

而先息后本意味着1000元钱你是从头用到尾，实际能用的本金更多，看上去名义利息更高。

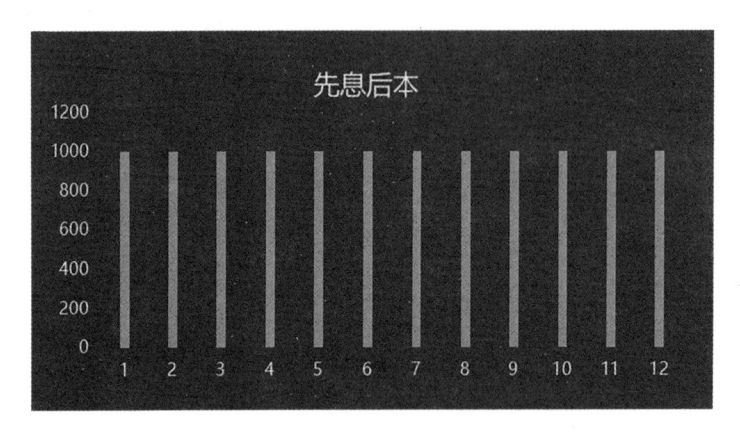

图 3-4

所以相同的实际利率，在不同的场景下，会展示出来完全不同的名义利率。

那名义利率 APR 是不是骗人的？不是，它是市场博弈的结果。尽管 IRR 非常严谨、科学，也考虑了资金的时间价值，但它有一个问题——难。大多数人并不懂算法的原理，对他们来讲，利息除以本金，算法简单直观，相对容易理解。

但这也正是 APR 的隐患，它存在一个钻空子的空间，对方可以用各种算法组合使得名义利率看起来很低，也可以故意设置计算复杂度，让你难以得知真实利率。不熟悉情况，就很容易被坑。

像某宝旗下的大型公司，一般不用担心有问题。但是很多小贷公司，就要特别留意了。

很多公司在制定产品的时候用的是 IRR，但是在对外宣称的时候用的是 APR。就是因为 APR 可以让利率听起来更低。套路玩得挺深的，实际上，利率做到年化 48%，也能满足名义利率不高于 15.4%。

但凡你找到小额借贷公司，一定要用 IRR 这个"照妖镜"算一下实际利率到底是多少，千万不要感觉便宜就直接签。很多产品有苛刻的违约条款或者有变相的砍头息[1]，你只要签字了，往里往外都是亏。

1　砍头息：指的是高利贷或地下钱庄，给借款者放贷时先从本金里面扣除一部分钱，这部分钱被称为"砍头息"。

"庞氏骗局"如何设局

什么是"庞氏骗局"?

先提一个问题。

一个人把钱存银行,一年3个点的利息。一万个人把钱存银行,一年也是3个点的利息。那如果全世界的人都把钱存银行,请问一年几个点的利息?

答案是:0。

为什么呢?因为能量守恒。一人的所得必然是另一人的所失,你挣了3个点的利息,必然有一个人为此付出了3个点的利息。他之所以能给你3个点的利息,是因为他用你的钱去投资,创造了更多的财富,才能分一点给你。可如果所有的人都把钱存银行吃利息,那应该吃谁的利息呢?

当存钱的人越来越多,利息就越来越低,会一直降到0。

这就是经济规律。

而"庞氏骗局"是什么呢？就是告诉你所有人把钱存银行，所有人都可以有3个点的收益。

基本面上讲，这绝无可能。但是在技术面上可以调整，利用资金和期限的错配，拆东墙、补西墙，尽量延缓爆雷，套现离场。

倒闭的时间只取决于他想何时收网，他想多大的时候收网。

只要有人相信，游戏就玩得下去。

整个操作的重点在于，如何让人相信。

答案是：一知半解，步步深入，减少负罪感。

最新的挖矿平台，基于区块链技术和闪电网络的数字货币；最新的养老项目，汇集旅游、娱乐、社交、会议、商贸的大型中心；最新的酒店连锁，O2O线上、线下、零售、实体及互联网金融创新。

听不懂吧？听不懂就对了。

这是第一步，制造神秘感。

不相信是吗？没关系，投100元钱试试不就行了。你之所以穷，是因为你老拒绝新生事物，不敢尝试。

投了100元，果真拿到150元，投了1000元，果真拿到1500元。轻而易举就能翻倍，贪欲必然就会无法克制。

这是第二步，激发多巴胺。

平白无故就多了1000元，家里还有准备买房的100万元呢，变成 200 万元，房子不就能大点了吗？

把贪欲归结于为家人好，自我暗示："我图的不是钱，是想让你们过得好一点。"

这是第三步，减少负罪感。

这一步的杀伤力极强，哪怕有一天爆雷了，他们也可以哭着说，我还不是为了这个家好？

他们真的笨吗？

不，很多人一点都不笨，他们从来没有 100% 相信过，他们只是克制不了贪欲，为了挣钱自我麻醉，觉得击鼓传花到不了自己。

钱是最好的润滑剂，只要能挣钱，大家就是朋友，你就是我的偶像。

当年"庞氏骗局"的始作俑者旁兹，就是用邮票变现的名义，保证 45 天收益 50%，3 个月回本，吸引了大量粉丝而一夜暴富。而他只做了一件事，就是把新客户的钱分配给老客户。

当年他的粉丝遍布美国，甚至称他为"意大利三杰"。因为他像哥伦布发现了新大陆，马可尼发现了无线电一样发现了"钱"。

但是经济规律不可违背，任何时候，收益性、流动性和安全性永远不可兼得。

真正的无风险利率是银行储蓄，如果有个项目可以随时变现，利率还远高于银行储蓄，不管它是什么名义，回归到本质，一定是以牺牲安全为代价的。

你多赚的每一分钱,都是本金冒险的收益而已。任何反常识、稳赚不赔的生意,任何拉人头、金字塔结构的收入,碰都不要碰。

每个生物都有天敌,每个财富都有收割者。你觉得钱是自己的?它只是过路财神而已。

守护财富和创造财富同样重要,暗处永远有人在虎视眈眈。

什么叫 M0、M1、M2

什么叫 M0、M1、M2？

答案是：钱、钱、钱。

奇怪了，为什么要分成 3 个钱呢？因为此钱非彼钱。

举个例子，在一个小岛上，大家突然决定用金子做货币，一共造了 100 个金币，请问一共多少钱？

答案是：100 个金币。很简单，对吧。

可是一旦流通，钱就会变"多"，就不是 100 个了。

比如，大家都把金币存进银行，然后张三向银行借 50 个金币，买了李四的房子，李四拿到了 50 个金币之后又存到银行。这时张三欠了银行 50 个金币，请问银行一共有多少金币？答案是：150 个金币。

那如果王二麻子再向银行借 50 个金币，买了赵六的鱼塘，赵六把钱再存进银行。请问这个时候总共有多少金币？

答案是：200个。

这就有意思了，为什么现实中是100个金币，但统计上会出现150个、200个，甚至越来越多呢？

多出来的钱到底是什么呢？是经济的活跃程度。

同样是100个金币，大家都放到家里，和大家存到银行让钱流动起来，活跃程度是完全不一样的。

如果你只盯着那100个金币，你就不知道整体经济是什么状况。

所谓"M0、M1、M2"，就是为了衡量经济的活跃程度，了解市场上钱的动向而设立的指标。

就像钓鱼的人会根据浮漂的动向来推测鱼的动作一样，我们也可以通过这个指标来侧面了解整个经济的运行情况。

所谓"M0"是基础货币，就是那100个金币，流动性最高。

如果钱的范围更大一些，M0+企业活期存款，就是M1，也叫"狭义货币"。

为什么要加企业活期存款呢？因为企业是经济当中一个非常重要的环节，而只有准备马上花掉的钱，企业才会放到活期存款，所以流动性也很高。它代表了企业现时的购买力。

而如果范围再扩大，就是M2了，也叫"广义货币"，等于

M1 + 企业定期存款 + 个人活期定期。简单来说,就是企业的钱加上个人的钱,流动性稍差一些,它代表了潜在的购买力。

还能不能继续分呢?能,再分下去还有 M3、M4。

但你不需要记公式,因为不同国家的划分尺度和参考指标也不尽相同。你只需要知道,所谓"M0、M1、M2",本质上就是将钱的范围不断扩大,通过划分不同的维度来侧面了解经济状况。就这么简单。

CPI 为负是什么意思

CPI 为负,说明经济通缩了,你买任何东西都会贬值,一定要相信现金为王。

你要真信了这句话,现金为王了,那结果就是当年万元户的翻版。

因为单一的指标是极不可靠的,比如打了个喷嚏,能说明你感冒了吗?不能,有可能是你鼻子痒。

那你连续打好几个喷嚏,能说明你感冒了吗?

也不一定,有可能你有鼻炎。

只有持续地打喷嚏,同时嗓子痛、脸发烫时,才说明你有可能感冒了。

CPI 也一样,短时间内的下跌不能说明任何问题,你得看它背后发生了什么。

先说什么是"CPI"。

如果整个社会只有一个商品——大米，那大米的价格就是CPI。

可商品逐渐多了之后，有大米、面粉、鱼肉、猪肉，有吃的、穿的……这个时候，就需要把商品加在一起算一下价格，这就是CPI。

但是，计算的时候会发现一个问题：鱼可能一个月吃一次，猪肉有可能天天吃，简单平均的话就很不合理，所以它会加上一个权重。你吃得多的、用得多的，它的权重就大，影响也就越大。

知道了这个，就知道这次为什么CPI会下跌了，因为猪肉价格跌了。

我国是个猪肉消费大国，肉食来源的70%是猪肉。全球差不多一半的猪肉是被我们中国人吃掉的，可以说猪肉是我们的刚需。

我们的CPI权重统计中，食品是非常重要的一部分，在食品中，肉禽非常重要，而在肉禽中，猪肉又是核心，所以猪肉价格大涨、大跌就非常影响CPI的升降。

我们再看猪肉价格，2019年是大幅上涨的，一直涨到了春节。原因有两个，一个是非洲猪瘟，另一个是环保政策，导致猪肉价格比平时高了一倍多。但2020年，生猪价格不断恢复，猪肉价格也一直降低，所以CPI就跟着走低了，很正常。

再有人跟你说"CPI为负"时该怎么办？跟他说："买猪肉去啊！"

LPR 到底是什么

很多人经常问一个问题,我的房贷利率是 x,用不用换成 LPR[1] ?

注意这个 x 可以是任意值,比如 4.2、4.5 或者 4.8。

但凡这么问的,他一定是还没明白 LPR 到底是什么。这一篇我们把它讲清楚。

我们先说说什么是"锚"。船在停靠的时候,用锚来钩住水底以确定船的位置。水面有涨落,风向会改变,但不管怎么样,锚的位置是不变的,船不会偏离它太多。

---

1 LPR:贷款市场报价利率(Loan Prime Rate),是由具有代表性的报价行,根据银行对最优质客户的贷款利率,以公开市场操作利率(主要指中期借贷便利利率)加点形成的方式报价,由中国人民银行授权全国银行间同业拆借中心计算并公布的基础性的贷款参考利率,各金融机构应主要参考 LPR 进行贷款定价。

贷款也一样，银行收你几个点的利息，都是围绕央行定期公布的基准利率这个"锚"的。而LPR转换，就是旧锚换新锚，以前利率是固定的，现在是跟着市场走，所以也叫深化利率、市场化改革。

你不要去管LPR的概念，你就把它换成4个字"浮动利率"。为什么要有浮动利率呢？比如，我借你1万元，说好明年的今天就还给你，再给你3%的利息，双方都能接受。但如果我说30年后还给你，你应该收百分之几的利息呢？双方都不清楚，因为时间太久了，不可控因素太多，双方都担心固定利率自己吃亏，于是出现了浮动利率，大家都跟着市场走，都容易接受。

那LPR的"加减点"又是什么？

是等价换算。比如，你利率打9折，但是LPR是没有打折这个概念的，所以他用加减点来等价换算，转LPR之后，原先的9折等于变相折算进去了。这个就是开头的问题，无论你的利率是多少，无论你打了几折，转LPR依然是变相享受折扣的。旧锚才叫"打折"，新锚都叫"加减点"，其实都是一个意思。

那到底应该选哪个呢？答案是：尽量选LPR，会有微弱优势。比如，这个月20号降息了10个基点，如果你有100万元的按揭，每个月差不多可以少还80元钱的利息。

按照还款额占家庭收入的30%来算，家庭月收入差不多要在

2万元。80÷20000，也就是0.4%的微弱优势，够吃一顿肯德基的。但好处是一劳永逸，操作简单，一键转换。

有人说万一选错了怎么办？万一利率涨了呢？其实按照历史数据和现状综合评估，LPR大概率是要下行的，这个是定性分析。

定量分析的话，就算它上行，一个月也就少吃一顿肯德基而已，就是微弱优势和微弱劣势的区别。

有人问，那万一利率涨得非常厉害，我亏了很多怎么办？别忘了主动权也在你手里，你有提前还款权，银行也是相互竞争的，尤其是房贷这种优质客户。你要是觉得自己亏，提前还款，换一家便宜的银行贷出来就行了。但反过来银行要是觉得自己亏，是不能强行让你提前还款的。

有人问，1年期和5年期的选哪个呢？

这个不用选，所有的房贷都是参考5年期的。

有人问，会不会有陷阱啊？银行怎么会吃亏呢？

这个你想多了。就算是赚钱，不同的方式间也在相互竞争，没必要选择一个低效而烦琐的方式。

有人问，我的贷款还剩10年，要不要转？我是企业贷款，能不能转？一般什么时候转，等等。

答案都是可以的，一般建议越快越好。

但是注意一点,以上仅限商贷,和公积金贷款无关。如果你是商贷公积金的混合贷,也只有商贷那部分才可以转。

对冲到底是什么意思

"对冲"到底是什么意思?

烧鱼的时候有腥味,你倒点醋就没腥味了,这就叫"对冲"。

为什么呢?因为鱼腥味是胺化物,呈弱碱性,倒一点酸进去就中和了。

所以,对冲的本质就是找两个相反的东西相互抵消。比如,炎炎夏日,烈日当头,我想卖太阳帽挣钱,但手里就1000元。本来可以进100顶太阳帽,但是我担心万一遇到下雨天,就一个都卖不出去,于是进了50顶太阳帽、50把雨伞。

太阳帽和雨伞就是相互对冲的商品。

这样的好处就是,无论是晴天还是雨天,我都能挣到钱。缺点是,无论是晴天还是雨天,我挣的钱都不够多。

资产有三性,即流动性、安全性、收益性。也就是说,我牺牲了收益性，换取了安全性。

对冲到底好不好呢？这取决于你的权重倾向。

对于很多工厂来讲，安全性的权重最高，是压倒性的、第一位的，它更关心的是价格波动会不会影响生产。多挣一点、少挣一点无所谓，而一旦价格上涨，原料不足导致停工就非常麻烦。所以它们的首选是对冲，通过对冲减少波动。

而对投资理财的普通人来讲，最大的问题是本金有限。一共就几十万元，再分散到基金、股票、债券里面各种对冲、各种调配，最终的结果就是收益惨淡，各种配方的结果，不过是上下浮动几千元钱。所以千万不要一听到对冲风险就觉得很高大上。对冲没那么神奇，降低流动性，才是普通人高收益的关键。

等额本息实际利率

贷款10万元,等额本息,一年还清,最后一共还款105500元,请问实际利率是不是5.5%?

当然不是。这是一个典型的数字错觉。

尽管大部分销售人员会告诉你,他们的年化就是5.5%,月息4厘多,听起来很便宜的样子,很多做分期的也会这么告诉你,但他的真实利率是10%,几乎要高一倍。

奇怪,哪里出问题了呢?

资金利用率。也就是这10万元你不是从头用到尾的,你在不停地归还本金,导致你实际利用的本金远没有那么多。我们做一个表格,如图1所示。刚借到钱的时候,你手里是有10万元本金的,每个月都还8000多元。等额本息,就是每个月还款额连本带息都是一样的,所以最后一个月,你手里只剩几千元的本金了,每个月还是要还8000多。更直观一点，如图3-5所示。浅色的是剩余本金，最开始是10万元，但是越往后，可以利用的本金就越少。我们平均一下，变成了图3-6。实际每个月你可以利用的本金在5万元左右，只有借款额的一半，折算一下，实际利率等于高了一倍。

表3-7

期数	本息共计	剩余本金
1	8791.59	92041.74
2	8791.59	84017.17
3	8791.59	75925.72
4	8791.59	67766.85
5	8791.59	59539.99
6	8791.59	51244.56
7	8791.59	42880.01
8	8791.59	34445.76
9	8791.59	25941.22
10	8791.59	17365.8
11	8791.59	8718.93
12	8791.59	0

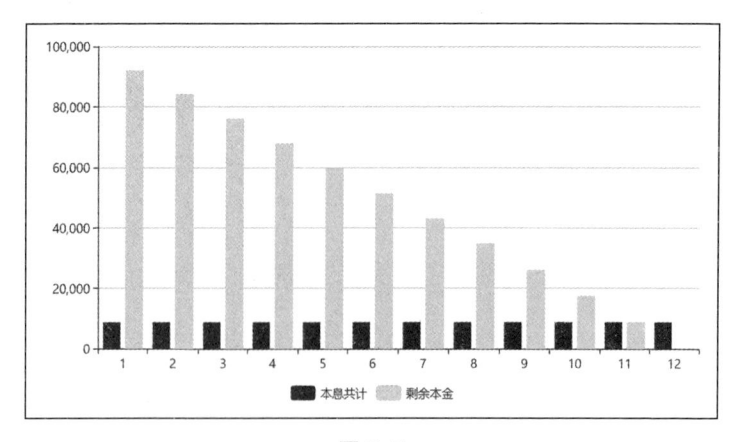

图3-5

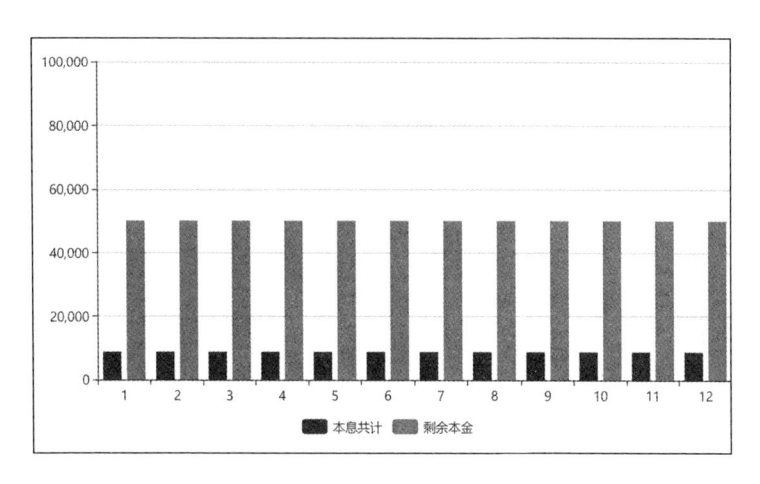

图 3-6

这个并不准确,但是非常直观,一下就能明白问题出在哪儿了。

那我们的结论是什么呢?这种贷款不要碰吗?

不对,科学应该基于事实,而不是情绪。

事实是贷款完全没有那么可怕,因为它取决于另外一个重要维度——加权。抛开剂量谈毒性是不道德的。加权利率高不高,一方面取决于实际利率,另一方面也取决于本金的多少。

举个例子,你向同学借一瓶可乐,第二年还他两瓶可乐,实际年化利率高达100%。但是对生活有影响吗?完全没有。因为权重太小了,完全可以忽略不计,反而是当时喝可乐的感觉更重要。

贷款也是一样,它取决于你当时的迫切度,如果有效解决了你的需求,并且资金量并不大,就完全没有问题。因为它和你的房贷相比，一加权，就可以忽略不计了。

一方面明白真实利率是多少，一方面也明白实际影响有多大，才是科学的认知方法。

但是请注意，不是所有等额本息的真实利率都要乘以2，如房贷，它也是等额本息，利率5.5%的话，真实利率就是5.5%，它不需要乘以2。

所谓的"乘以2"，只是在一些不规范的场合，有些销售为了让人心理上感觉便宜而偷换了概念，他们所谓的"年化"并不是真正的年化。怎么鉴别呢？最严谨的是用内部收益率函数，但很多人不会。有一个最简单的办法，搜"贷款计算器"，选择"等额本息"，然后输入不同的年化利率，看年化多少的时候，还款额跟他说的一样。那个利率，就是它真正的年化利率。

计算方式：	⦿ 按贷款额度算
贷款金额：	100　　　　万元
贷款期限：	1年(12期)　▼
年利率：	最新基准利率　▼　10　%
还款方式：	⦿ 等额本息　○ 等额本金

图 3-7

,

第四章

商业逻辑

被忽略的
核心权重

消费者到底要什么

消费者到底要什么？

如果你是一个做杀毒软件的，有什么技巧可以让大家觉得你的产品更好？

你当然可以说我很专业，有多少专利，拿过多少奖，取得了多少认证。

但这个方式非常传统，而且每一个厂商也都在这么做。我们讨论的是，有没有一个技巧，在不增加任何现有资源的情况下，能让消费者觉得你的更好一点？

因为你觉得它好和消费者觉得它好，是两个概念。

就好像你觉得自己家的瓜甜和消费者觉得它甜，是两回事一样。你需要把这个甜的信息传递给他，他才会买单。比如，有人卖瓜的时候写了四个字：甜过初恋。既没写用什么土，也没写施什么肥、是什么品种，但消费者就会觉得它甜，而且特别想知道它到底有多甜。因为对手都没这么写，他一下就超过了对手。

好，那杀毒软件能不能也用这个思路呢？那我们就要分析用户的心理。先提个问题：病人会觉得什么样的医生好？

很多人看病的时候分不清内科、外科，分不清主任医生和主治医生。请问他怎么判断某个医生水平到底好不好呢？

国外的行为经济学专门做了一个类似的研究。他们让病人投票，选出他们认为水平最好的医生。结果有点出乎意料，得票最高的并不是那些医学水平最高的。

我们知道，医学水平可以量化，谁高谁低一目了然。那得票最高的是谁呢？是那些亲和力最好的。比如，有些医生会告诉你："平时注意运动，多打羽毛球放松肌肉，没时间的话，教你一个小技巧。你看啊，头往左边转，然后保持15秒，然后再往右边转，对，就是这样。"这些医生是病人觉得水平最高的。而那些有多年科研和临床经验的医生，发表过很多专业论文，对某些疾病有深入研究，因为不善于言谈，往往会直接给你开药、让你走人，最终得分平平，反而不如那些亲和力强的医生。

这说明什么？说明消费者的判断依据是自我的认知范围。

我不懂学术，不懂临床，不懂经验，我就看他态度怎么样、说话怎么样，关不关心我，关心，那就应该水平高。

好，明白了这个后，我再问你，消费者怎么判断一个杀毒软件好不好？

他不懂杀毒原理，不懂底层代码，不懂证书含金量，连 cookie 是什么都不知道。请问他们怎么判断软件好还是不好？

答案是：如果别的杀毒软件查完之后，这个还能再多查出来一个病毒，这个就是好的。

比如，你的杀毒软件可以显示：我们还发现了一个低风险的，但是无须处理。

魔鬼客户的隐形成本

什么是魔鬼客户？有个女孩在某宝上买了6箱苹果，然后拿着假照片向不同的商家申请退费。被大数据发现，封号了。当面对质的时候，这个女孩说就算我这个做得不对，你也不能封我的号。这就是魔鬼客户。

魔鬼客户最可怕的地方，在于他捆绑了巨大的隐形成本。一个成熟的商家一定是要把隐形成本计算进去的，忽略魔鬼客户就会栽大跟头。商家辛辛苦苦开了一家水果店，明明算下来略有盈利，来了几个魔鬼客户，挑个苹果掐一下，直接就会让店家入不敷出。

有个驾校的广告语是"让所有的学员都满意"，事实上，你是永远无法让所有用户都满意的，如果你真的做到了，成本也会无限高。因为最后一个用户，可能要耗掉你一半的精力。

客户是分为三类的：一类是"天使"，问都没问，"叮咚"

一下直接下单；一类是"凡人"，问几个关心的问题，合适就下单，不合适就走人；一类是"魔鬼"，商品永远不满意，挑剔永远无上限，5毛钱的商品还价半小时，一句话没回复好，转手就给你一个差评。

从事任何一个行业，都一定会遇到魔鬼客户。

开个餐馆，写着"禁止吸烟"，一定会有人不守规矩还振振有词；带个旅游团，定好的9点出发，一定有人迟到半小时，还不以为然。

资源是有限的，精力也是有限的，商家如果花费大量心力试图让魔鬼客户满意，在策略上就错了。

客户永远不会100%满意，投入产出比才是第一位的。

老板要配秘书，因为庶务伤身，无数细小的东西，无数非标化的要求，会一点一点吞噬你的心力。接连几个魔鬼客户，就能让人心力耗尽，疲于奔命。不和魔鬼客户纠缠，把重点放到策略和方向上，是经营的智慧。

比如，开头讲到的那些苹果卖家，大家心知肚明但不愿纠缠，知道她有问题，苹果照片和发的货不一样，但是没有时间折腾，就当是吃亏好了。

赔一点苹果，总比赔上几个小时心力好得多。

试图让所有的客户都满意，成本就会无限高。虽然都是满意，但代价不同。让一个魔鬼满意，可能要比让一个天使满意多花十倍的时间，其实是对优质客户的不公平。更优质的客户应该享受到更好的服务，这才是更合理的规则。

客户并不都是上帝，利用价格歧视，设置准入门槛，避开魔鬼客户，减少隐形成本，才是更聪明的选择。

那帮猴子是不是傻

有 7 颗栗子,早上给猴子 3 颗,晚上给 4 颗,猴子们很不开心;换一下,早上给 4 颗,晚上给 3 颗,猴子们就非常高兴。

可换来换去都是 7 颗栗子,那帮猴子是不是傻呀?

不是。

因为结果并不是唯一的衡量维度。同样的结果,不同的过程,效果会大相径庭。

从经济学上讲,只要双方同意就是好事。而第二个方案双方皆大欢喜,显然更好。

那两个方案的差别到底在哪儿呢?

举个例子。一个好消息,一个坏消息,先听哪个?好消息是你中了 500 万元,坏消息是昨天没领,过期了。请问这和你压根儿没有中奖有区别吗?

当然有。先听坏消息，再听好消息，你可能"哦"一声就完事了；但先听好消息，再听坏消息，你一定会念念不忘，"劳斯莱斯真漂亮，当年差一点就是我的了"。看似都是零收益，但人类对收益和损失的敏感度不同，导致感受天壤之别。

那帮猴子也一样，朝三暮四并不是笨。虽然总量都是7，但是分配的方式不同，感受就完全不同。

这种细微的差别，在营销中体现得淋漓尽致。

比如，满1000元减200元和满1000元直接打8折就不一样，前者会让人感觉白捡了200元；直接标价699元和原价899元但现价只要699元，会让人感觉占了便宜；商品9.9元但是免费包邮和商品免费但邮费9.9元，用户的感受也会完全不同。

因为价格决策是需要锚的，我们并不知道这个东西到底值多少钱，它到底是贵还是便宜完全取决于我们的参照系是什么。这个参照系，就是锚。

锚不同，决策就不同。

比如一瓶矿泉水，有人卖4元，但马路对面只卖2元。很多人会走到对面去买。

但如果是一台iMac，有人卖15000元，但马路对面只卖14998元。也是便宜2元，就很少有人为这2元专门走过去。

因为我们潜意识锚定的是市场价，就是其他家都卖多少钱。

同样一瓶水，大家都卖 2 元，有人卖 4 元，价格就贵了 100%，不能接受。而如果是一台 iMac，如果大家都卖 15000 元，有人卖 14998 元，仅仅便宜了 0.01%，那就可以忽略不计。

尽管都是 2 元钱，但是从锚的角度来讲，一个偏离 100%，一个仅偏离了 0.01%。所以，场景不同，锚不同，哪怕是同一个人，同样的距离，同样的差价，选择也可能完全相反。

而营销研究的就是消费者心理，就是这种朝三暮四的细微差异。通过反复微调各个配方，反复优化各个细节来达到每个消费者心里的最优解。

200 元的商品标价 199 元，并非商家故弄玄虚，而是潜意识往往不受我们的控制。

猴子并不可笑，它们只是我们的影子。

商业不是田螺姑娘

商业不是童话,我今天救了一个田螺,明天它变成个美女嫁给我了,每天还给我做饭吃。

很多商业鸡汤都利用了人性的缺点——懒。你不用思考,做一个大善人就好,遇到什么样的魔鬼客户,再怎么刁钻,再怎么不讲理,一律满足,晓之以情,动之以理,用诚意打动他,然后他会给你带来千千万万的客户。

而事实上,如果你真的打动了他,最可能的是,他会给你带来一堆魔鬼客户。

这个鸡汤就是典型的用行动上的勤来掩盖思想上的懒。不用研究商业结构,不用分析用户心理,不用挖掘细分领域,不用考虑精力分配,不用把握核心权重。仅仅希望伺候好一个客户,然后就财源不断,这不是勤奋,这是懒。

任何时候的竞争都是立体的、多方位的，绝对不仅仅是服务态度的竞争。

选项目是竞争，研究核心技术是竞争，拓展合作渠道是竞争，合理分配精力同样是竞争。

每个商家都会面临天使、凡人和魔鬼三类客户，每个商家都会面临精力有限的问题。如何投入适当的精力，使投入产出比最大化，才是这个级别竞争的核心。

严格地讲，客户并不是被说服的，而是双方有一个基本共识，话题产生共鸣而已。而与魔鬼客户很难产生共鸣，双方达不成共识，观念天差地别，他并不清楚这个行业中的基本规则，只是觉得自己是上帝，永远是对的。哪怕你道理上说得他哑口无言，他也觉得你在强词夺理。

想办法低成本地拦截魔鬼客户，把重点放到优质客户上，才会有更好的回报。

而魔鬼客户的重要特点就是精力无限多、时间低廉、对价格敏感。

最常见的解决办法，是建议商家设置一个预付价，在消费之前就通过价格门槛进行初步筛选。至于如何选择合适的尺度，既不妨碍正常客户的消费，又能让魔鬼客户望而却步，是可以反复AB

测试[1]的。

然后是契约的细化和标准化。比如一个影棚，后期修图改多少次，都改哪些地方，抠图到底抠哪里，哪些级别修不了。每一个细节都要尽量说明清楚，避免模糊描述。越主观，越宽泛，翻车的风险就越大。

最后是不和魔鬼纠缠。如果真的遇到了魔鬼客户，数量不大的话认赔就好，纠缠往往会导致更大的损失。复盘拦截机制，记录用户特征，完善用户画像，以后尽量避开。

---

1 AB 测试：是为 Web 或 App 界面或流程制作两个（A/B）或多个（A/B/n）版本，在同一时间维度，分别让组成成分相同（相似）的访客群组（目标人群）随机地访问这些版本，收集各群组的用户体验数据和业务数据，最后分析、评估出最好版本，正式采用。

光刻巨头缘何崛起

攀岩高手咬紧牙关,你争我夺,在半山腰的时候体能透支,全靠意志在硬抗,突然听到下面有人喊:"哥们,这边有电梯啊!"这就是光刻巨头 ASML[1] 崛起的故事。

商业是一个漫长的马拉松,先发不一定是优势,也可能意味着严重的先行者惩罚。

光刻机市场曾经是尼康的天下,ASML 是个名不见经传的小厂,别人吃肉,它喝汤,吃不饱但是也饿不着,一直不温不火的,直到一次契机的出现。

我们知道,光刻机是生产芯片的,原理就是用光来雕刻电路图,光越细,刻的东西就越多,芯片就越强。

---

[1] ASML:荷兰 ASML 公司,全称为 Advanced Semiconductor Material Lithography。

问题是，无法更细了怎么办？

大家不停地缩短波长，但是到193nm的时候出现了"瓶颈"。想缩到157nm，却发现怎么也无法突破。为了攻克难关，几乎整个半导体行业都参与进来，投入了数十亿的美元和无数人力、物力，集中在两个方案上：一个是尼康的稳健方案，即仍然使用现有技术，升级到157nm的F2激光；一个是联盟的激进方案，直接采用全新光源，跳过157nm，直接达到10nm。

但商业是要考虑成本的，这两个方案在当时看来，要么成本太高，要么难度太大。

所有人都在咬牙硬抗的时候，当时的台积电[1]副总经理林本坚提出了一个天马行空的想法：能不能既不换光源也不升级呢？不就是要把光变细吗？为什么不能通过水来折射呢？为什么一定要在空气中传播呢？

193nm/1.4的折射率 = 132nm，远超157nm。

成本低、难度低、落地性高。设备无须大改，想办法把空气换成水，攻克介质难关就行了。如果更进一步，原理跑通了，换成折射率更高的液体，理论上还能继续变细，可扩展性也极佳。

这下，很多人不愿意了，凭什么我们辛辛苦苦爬山，你按个

---

1 台积电：台湾积体电路制造股份有限公司的简称，半导体制造公司。成立于1987年，是全球第一家提供专业积体电路制造服务（晶圆代工foundry）的企业。

电梯就上来了？凭什么我们投入海量的人力、物力，你改个介质就行了？不要过来搅局。

于是，林本坚发表了很多论文来消除疑虑，论证其理论的可行性，尝试说服各个大厂采用这个以水为介质的方案，但基本都被拒绝了。毕竟大家没日没夜地投入了这么多，突然要作废了，改走另外一条路，情感上也不太能接受。

最后只有ASML同意了：一方面它是小厂，掉头方便，没那么多顾虑。而巨头们都已经到半山腰了，它还在下面系鞋带呢，所以就试试吧，万一电梯能用呢。另一方面是利益驱动，ASML仔细分析过市场需求，发现搞定新技术的话，拿下两个龙头客户的概率非常大，也就是说销量不用愁。于是，ASML决定采用。结果就是我们看到的——ASML异军突起。

2004年，新产品研发成功，击败尼康。2009年，ASML占据市场70%的份额，而尼康则变成了行业小弟。

船越大，内部阻力就越大，临时掉头就越难，自我革命就越不可能。

从来没有人规定赛道得是一维的，追赶一定是线性的。

看得见的对手是堡垒，看不见的对手是刺客。意识到危险的时候，往往就已经来不及了。

竞争对手干吗去了

商业报道经常有个常见的话术，如国美薄利多销、物美价廉，买的人就越来越多，于是逐渐崛起。

这句话如此轻描淡写，把商业写成了童话。类似王子和公主终于幸福地在一起了。

我们要问，中间过程呢？最核心的那几个点呢？既然物美价廉这么简单就能挣钱，对手都干吗去了？对手为什么不去模仿、抄袭、拉平利润呢？

答案是：因为制高点被占据了。

对手没有意识到那是制高点，而意识到之后，往往就来不及了。

制高点有很多，我们以流量变现为例，看看国美当年是怎么做的。

很多商业的本质就是流量变现。比如，你用50元钱获取了一个客户,平均每个客户消费200元,中间那150元,就是利润。

提高利润有两个方式:一个是降低获客成本;一个是提高用户转化率。

卖电器也一样,看起来是在商场租个铺位卖东西,本质上是把客流打包批发,然后再单个变现。

当大家都还在闹市区的小铺位销售电器的时候,国美一步到位,占地几千平方米,在那个电器是刚需的年代,不同品牌的电视、冰箱、洗衣机全部摆在一个商场里,消费者随便挑选,随便对比,逛一次就等于逛了全北京的电器城,价格还便宜一大截。这一前所未有的购物体验,转化率远远甩开竞争对手。

但随之而来的问题是,这么大的占地面积,获客成本不也提高了吗?可是,为什么一定要通过旺铺来获客呢?为什么展示和获客必须要同一渠道呢?重点是"客"而不是"铺",只要能廉价获客,在任何地方展示都行。

于是,国美避开闹市区,把大卖场放到偏僻的街道,然后通过报纸获客。而最关键的一点,是它不按常理出牌,另辟蹊径地找到了一个被忽略的位置——中缝广告。

这就是顶尖商人超出常人的洞察力。

好的获客渠道要满足三个条件:第一,足够便宜;第二,覆盖面足够广;第三,对手都没有想到。

当时，没有比中缝广告更合适的了。

对报社来讲，中缝就是下脚料，有人愿意买，再好不过；对用户来讲，价格简明扼要，促销一目了然，也不影响阅读；对国美来讲，几百元钱拿下版面，签订长期协议，锁定成本，低价获客，拦截对手。

这才解释了我们开头提到的问题，为什么对手毫无招架之力，因为攻防根本不在一个维度上。

你想提升转化率，先租个几千平方米再说——资金成本巨大；你想提升客户量，等报纸有排期再说——时间成本巨大。

只有在商场上战斗过，才知道看似容易的东西有多难，而看似无足轻重的东西有多重要。

创业远没那么简单，真正有价值的，是被很多人忽视的环节。

一百亿元为何不够花

某企业家早年接受采访的时候表示，100亿元是不够花的。很多人不理解，认为他是不是太有钱了，100亿元还嫌少。其实是他们混淆了消费和投资。普通人是消费，而企业家是投资。对于普通人来讲，消费就是花钱。

一个人花光100亿元是很难的，最大的问题就是"上有顶"。花钱的时候你会遇到各行各业的天花板，导致你的钱根本花不出去。

比如，有人喜欢一辆车，平时可能开10万元的车，有钱之后换成了100万元的车，再往上可能会换辆500万元的车，基本就到买车的顶了；有人喜欢买包，平时买个300元的，有钱的话买个30万元的，基本上也到买包的顶了；有人喜欢旅游，平时是去几百元的农家乐，有钱的话全球各地来回飞，吃饭只去米其林餐厅，酒店只住五星级，几十万元也差不多了。

各行各业很容易触及一个"顶"，普通人的消费无非是衣食住行，各个环节到达一定程度就无法持续增加，总不能买10辆劳斯莱斯在车库里面拼起来当火车开。

但是对于企业家来讲，投资的过程是完全相反的，哪怕是100亿元，分散到各个领域，再细化到各个环节，实际上每个终端能获得的能量是很少的。水库开闸3天，也不是每一块田地的每一株庄稼都能得到足够的水。

要拓展市场，100亿元分到100个城市，每个城市只有1亿元。1亿元按3年花，1个月只能分到200多万元。按照每个城市100个员工，每个员工月薪5000元，一个月50万元就没了。手里要留一些现金，其他还要花到房租、水电、物流、广告等各个方面。和消费相反，正是因为化整为零，所以每一个终端都远没有达到上限，工资每人涨1000元，每个月就又多了10万元的支出。无论有多少能量，分散到每个毛细血管之后都极为有限。

企业两年后需要再次融资，不然资金链可能就会断裂。

所以企业家永远在焦虑，并不是他们在装，而是资金永远不足，处处捉襟见肘。

物美价廉为何没用

明明都物美价廉了，却亏得一塌糊涂，明明都已经良心价了，为何消费者却不买账？

市场出错了吗？

不，市场没错，"故事"错了。

在童话故事里，只分好人和坏人。主角是好人，对手是坏人。卖得比对手便宜，你就是良心商人，消费者就应该记住你，从而口碑相传，生意兴隆。而现实往往是，消费者不会领情便宜的那一点，而且传播效应也没那么强。商家都便宜得快吃不上饭了，消费者却觉得还好。商家的全部家当都快补贴进去了，水花却没溅起来一点。

和故事不同，商业是严肃的，现实是立体的。从来没有好人和坏人，从来都是全方位的竞争。各个维度都可以折算为价格，而价格也可以反向折算到各个维度。当你在知名度、渠道或者营销等维度落后于对手的时候，降价并不一定能弥补这个差距。就算其他维度完全一样，也存在"降价不可能挣钱"的悖论。

如果降价就能生意兴隆，对手也可以降，改个价格而已，马上就能抢到你的份额。所谓"利润"，本质是你超出对手的那一部分，你做得到，而他做不到，才是你的利润。

一款包，大家都是 50 元进货零售 100 元。无论怎么调价，怎么薄利多销，你都不可能胜出。只有人家 50 元进货，你 30 元进货，人家房租 5000 元，你房租 3000 元，人家月开支 2 万元，你通过精细化运营降到 1.5 万元，才会有胜算。只有系统性地超越对手，他才无法通过简单的参数微调来追平你。同样的货，你比他卖得便宜，利润还和他持平，甚至还多那么一点点，这才是真正的物美价廉。

简单降价有用的话，别人早就降了，为什么不做？因为扛不住。

很多商品从出厂价到零售价要翻几十倍，并不是唯利是图，而是要覆盖各个环节的成本，否则根本无法盈利。

价格和良心无关，只取决于市场。

把降价等同于善良，本质是无知和懒惰。

半份菜不是半价菜

为什么说半份菜不是半价菜?

按理说,半份菜卖半价,既减少了浪费,又增加了选择,为什么很多饭店不做呢?是不是故意让人多花钱呢?

错了,半份菜没问题,半价菜也没问题,但半份菜不等于半价菜。

真实的情况是,半份菜有可能卖一份的钱,而有时一整份菜,可能只卖半价或者更便宜。

世界是多维的,放大和缩小都要基于全要素的同步变化。一个东西翻倍,必须全要素都翻倍才行。想加大木桶的容积,只加高一根木条没用,必须所有的木条同时加高。

而半份菜的问题在于,原料省了一半,但是其他要素完全没变。

同样是炒一个菜,原料少了一半,但是厨师的工资不会少,服务员的工资不会少，房租、水电费不会少。厨师不会说，炒的是半份菜，我只要一半工资；房东也不会说，炒的是半份菜，房租给你打个 5 折。

把这些成本平摊到每个菜上，可以降价的空间就微乎其微了。

事实上，炒半份菜，往往比炒一份菜更难。

一份菜应该放多少原料，开多大的火，放多少调料，炒多长时间，是有一个固定比例的。一旦改变，所有参数都需要重新调整，否则味道就会变化，影响客户体验。

"标准化"是餐饮企业的生命线，如果口味不能统一，会导致严重的客户流失。而如果强行标准化，管理成本就会飙升，最终又要平摊到每个菜上。

原料减少并不等于价格减少。有很多这样的例子，比如大号的衣服和小号的衣服，虽然后者的布料少，但会卖一样的价格，因为少的那一点点原料，在整个生产线成本中是忽略不计的。

有的时候甚至为了某个特殊的小尺寸，商家需要单独打一个版，售价反而远高于大号的衣服。

所以半份菜半价，只有在边际成本为 0 的情况下，才会出现。比如便利店的盒饭，它是批量做好的，不存在额外成本，半份菜反而会增加选择，提高销量。

实际上，饭店不会故意让你多花钱，并非出于善良，而是商业规则导致的。餐饮是一个重资产的行业，固定投入很大，获客成本很高，只有增加回头客，提高消费频率，才能降低成本，实现盈利。

如果他鼓励你多点菜，看上去是多挣了一点钱，但会影响到后续消费。钱花得不值，消费者就不来了。

所以更多的时候，饭店反而会为你考虑，如贴身小棉袄一般，既让你吃得饱，又让你少花冤枉钱。只有如此，饭店才能获取信任，源源不断地变现。

只要钱是你的，花钱的时候就会心疼；只要你心疼钱，就会有商家帮你省钱；只要产权明确，市场就会自发产生节约，促使每个人往节约的方向靠拢。

半份菜并不是半价菜，遵守市场规律，才是更高效的节约。

拙劣骗术为何得逞

"六旬阿姨深陷假靳东",有人好奇,为什么这么拙劣的骗术都看不出来?

答案是:真的看不出来。

因为你没有研究过受众心理,所以你觉得无法解释。

这些表面上的粗制滥造,实际上才是精心的设计。

一个好的产品,哪怕是一个骗子产品,从来都不是越高端越好,也不是越精致越好,而是越符合客户需求越好。你觉得不好,是因为你根本不是目标客户。

如果潜心分析,会发现它每一步都极为精妙,甚至有点"细思恐极"。

第一步,撕开防线。我们知道,他一定是要收割的,可他聪明的地方在于,他从来不直接卖产品。产品和客户之间是要搭一个桥的，而最好的桥就是人。没有，那就造一个，用户喜欢什么就造什么。所以他的第一步是"迂回"，闭口不谈产品，先伪造一个人，一个有温度、有感情、有喜怒哀乐、长相帅气的男人。防线一旦撕开，后面就好办了。在这一步，你见不到任何产品的影子。

第二步，猛攻刚需。一个60多岁的阿姨，生活早已平淡如水，感情世界是一片荒漠，平生第一次接触智能手机，一个帅气的男人深情款款："姐，我每天都会发视频为你送上祝福。""姐，愿你平安，愿你快乐，愿你健康。""姐，你是我的不可替代。""姐，你长这么漂亮还关注我，可以给弟弟点个小爱心吗？"

这是什么？这是公主般的待遇。每个女人心中都住着一个公主，她们都喜欢被关注，都喜欢被夸奖，哪怕已经年过六旬。只是在现实中，这个公主被重复、单调的生活挤到了角落里，她已经习惯了这种枯燥麻木、不被关注、不受重视的生活。但是习惯不代表不需要，突然出现一个浓眉大眼的弟弟，一口一个姐姐地叫着，又是嘘寒问暖，又是夸自己漂亮，还每天给自己送祝福，希望自己健康、快乐，没有几个阿姨能抵挡得住。

第三步，效率至上。为什么花花绿绿、粗糙无比？因为有些阿姨的审美仅限于此，不用在制作上浪费时间，甚至完全不用考虑音画同步，因为她们根本无法分辨真假。同样的精力，他完全可以最大化效率、批量产出，同时以最低的成本排除干扰。

这是什么东西乱七八糟的？你滑走了。对，他要的就是这个效果。

第四步，细节考究。为什么要点"小爱心"，点"加号"？因为操作极度简单，因为可以增加二次推送，因为他考虑到了很多阿姨还不会打字，而关注是一个最高效、最直接的方式。

骗子为何屡屡得手？因为他的每一个环节都是针对人性而设计的，先跑通流程，再流水线作业，最后批量化收割。

一个行业有多暴利，骗子就有多大的动力去研究人性。

有良心的骗子，卖点洗衣液或者美白膏，300元钱；狠一点的骗子，推销财富培训改变人生，3000元钱；更狠一点的，是连根都一起割的："姐，就差30万元，下周就还你。"

为什么就算拆穿骗局，还有人依然深信不疑？因为需要。这种内心深处的需要在现实中从来没有被满足过，除了这个骗子。一旦她面对现实，幻想就会破灭，世界就会坍塌，所以她会找一万个理由来将骗局合理化。

致命的刀，从来都是借被害者之手造成伤害的。

山寨币无论涨跌都别碰

山寨币涨了能不能买？不能。

山寨币跌了能不能买？也不能。

为什么呢？

因为几乎所有的山寨币市场，都是双向无限控盘的，是涨是跌你都不可能赢。

如果你不明白，我给你举个例子。马路边有个摆摊的人说："来猜一猜，碗里是一个球还是两个球，猜对有奖哦。"

请问：你应该猜一个还是猜两个呢？

答案是：猜几个都没用。

你只要猜了，无论是猜一个还是猜两个，你都会输。因为他可以随意控球，赢多少只取决于他想怎么玩你。

山寨币也一样。经常有人说，我觉得很多虚拟币一文不值，为什么不能做空它呢？比如，某种山寨币50元钱一枚，我先借1000枚出来，转手卖掉，赚50000元。等跌到0.5元一枚的时候，我买1000枚还回去，只花了500元，不就净赚49500元了？

幼稚了，"看空"和"做空"是两回事。

只要庄家有无限控盘能力，无论做多还是做空，你都不可能赢。

什么叫无限控盘能力？举个例子。我创立一种"火星币"，有1亿枚。其中9999.9万枚，都在我个人手上，不流通，只有1000枚在市场流通。

好，现在我搞个交易所。你们自己玩也好，我拉几个小朋友来玩也好，瞬间就炒到了50元钱一枚。算一下身价：50亿元。

注意，这个时候，我就有了双向无限控盘能力。

如果我想涨，我完全可以把价格炒到50000元一枚。因为市场上的流通盘就只有1000枚。全部买下，也不过5000万元。

但如果有人敢做空我，后果一定惨不忍睹。

我可以逼空、逼仓，一直把你逼上绝路。炒到5000万元一年一枚，逼着你在流动性枯竭的市场上补货。

另外，想要价格低，我还可以无限砸盘。别忘了，我手里还有9999.9万枚，如果我想抛，任何一个价格我都能砸到。你总不可能真拿50亿元出来接。

什么？你说你倾家荡产，真拿50亿元来接？好，那我拿钱走人,你自己留着火星币玩。不够玩,我那儿还有水星币、金星币,要不要再来一套?

明白了吧,只要他可以随意控盘,你就永远不可能赢。

所以,正确的做法是什么?是不关注。

就是你涨,跟我没关系。你跌,跟我也没关系。你一个球,跟我没关系。你两个球,跟我也没关系。爱几个球几个球,有精力你就一直摆,反正我不参与。

周围再有亲戚、朋友炒这个币、那个币,蒙在鼓里还坚信自己将来一币一别墅的,一定要把这篇文章给他看。

如何反推外卖规则

这一篇我们说一个挣钱的干货,极少有人知道。

先问一个问题:如何合理合法地出老千?答案是:反推规则。

别人不知道的规则,你知道,那基本就可以横扫全场了。

比如,同样是两家餐馆,同样是靠外卖订单赚钱,怎么能比别人多赚十几万元?

答案是:在平台上排到别人前面去。可是,怎么才能排到前面去呢?

不要告诉我花钱买,如果这么简单,就没必要讲了。而且花钱也是有科技树的,你可以花钱,对手也可以花钱,除非你在花钱的规则上也比他更牛。

想靠前,尤其想免费靠前,你就得知道平台到底是怎么排序的。

可规则是保密的,只有平台知道。一个普通餐馆,没背景、没关系，怎么能去前排呢？

答案是：借助逻辑，借助常识，反推规则。

我们手把手演示一下。比如，常识告诉我们两个核心指标：一个是配送距离和时间，这一定是排序最核心的因素；一个是口味、评分、销量等，因为涉及用户反馈，也会有较大的影响。知道了这两个主要指标，接下来要怎么做呢？四步：搜集结果，对比数据，总结规律，发现异常。

如果一家店的核心指标都表现良好，排名也不错，就视为正常结果，忽略；而如果一家店，排名很不错，但核心指标却非常一般，则视为异常结果，需要重点关注。

结论很明确：只要能总结这些异常结果的共性，就能找到真正对排名有影响，但是又不为人知的权重点。这个点就是赚钱的关键。

很快，我们会发现第一个额外因素：新店。对于新开的店，外卖平台会先流量扶持一段时间。但这个可操作性不强，不是重点。

那么，排除新店影响后，继续分析剩余排名异常的店家的共性，果然又发现了一个地方，你猜是什么？图片。就是这些商家无一例外都使用了菜品图片，而其他商家用的都是品牌商标。

结合常识，这说明了什么问题？

点击率。

因为大部分场景下，商品图片的点击率明显高于品牌 logo，所以基本可以断定，点击率或受到点击率影响的其他指标，是一个极为重要的排序因素。

这个规则，外卖平台绝对不会告诉你。

所以结论很明确：在谈刷单、好评返现、刷评分等极高成本的操作之前，哪怕花几分钟把商家图片从品牌 logo 换成菜品，就能提升点击率，从而大幅提升订单量。

什么叫核心技巧？这就是，你学会了吗？

社区菜贩该怎么办

社区团购来了，那些菜贩们该怎么办？

这个问题分两部分：第一部分是，社区团购可以干掉菜贩吗？

先别着急，我问几个问题：移动支付这么发达，干掉线下网点了吗？网购这么发达，干掉实体店铺了吗？外卖这么发达，干掉门店餐馆了吗？

好像都没有。那奇怪了，为什么干不掉呢？为什么依然有线下网点，有实体店铺，有门店餐馆呢？

因为需求是无限细分的，总有一些环节替代不掉，总有些服务无法实现。比如吃饭，明明可以送到家，有人就是喜欢出去下馆子，"我需要那种氛围，我需要那种服务感"。买衣服也是，任何一个女孩子，从来没有说只在网上买衣服的，无论多便宜，她也一定会到线下买，因为有些服务是网上提供不了的，如逛街本身就是购物的一部分。

社区团购也不例外，一定有一个细分市场，一定有一部分消费者是需要线下商家的。

所谓"替代"，只是淘汰低效和同质化。

第二部分是，那些被淘汰的商家该怎么办？尽管低效，尽管同质化，可人家是要生存的。

这个问题当年下岗职工也问过，而且远比现在严峻。那个时候大家还没有市场经济的意识，还处在一辈子铁饭碗的想法中，下岗了就等于天塌下来了。

但我们快进一下，看今天。当年的下岗职工，在今天，每一个人的生活都比之前更好，市场经济几十年，每个人都比之前更富。

为什么？因为高效替代了低效，市场的活力被激发了，每个人享受的财富都更多了。

如果当年没有下岗，看似保住了这个工作，可就享受不了后来提高了的生活质量。你吃不上这么多肉，你买不了这么多衣服，你开不起现在的汽车，你享受不到互联网的便利。你打一个电话需要争分夺秒，生怕多说一句话，半天工资又没了。

可既然是市场，就一定会有竞争、有风险、有失业。这不只是小商贩会遇到的，任何人都会遇到。

从来没有两全其美的东西，人们不可能既享受着计划经济的稳定，又享受着市场经济的生活质量。

可市场的魅力在于，旧的机会消亡就一定会有新的机会出现，有的行业不需要人就一定有行业抢人都抢不到。

比如，随着二胎的放开，全国月嫂的总需求是400万人，但目前已有月嫂还不足100万人，有将近300万人的缺口。7000元工资起步，上不封顶，还不需要风吹日晒，为什么不能去做月嫂呢？

又如，我们即将进入老龄化社会，"9073"老模式意味着90%的老人是居家养老的，整个养老行业缺口至少是1000万人，为什么不能尝试一下去做护工呢？

放眼整个家政行业，缺口达到3000万人，超过了澳大利亚和新西兰的总人口。

要是觉得还不够，你可以看一下我国人力资源社会保障部发布的2020年最缺人的职业排行，足足有100个行业。

当我们不需要那么多菜贩，当我们需要更多的月嫂、护工、住家保姆，当年轻人早出晚归、加班熬夜，需要有人帮忙照顾家人、帮忙做饭的时候，为什么不能更合理地调整行业选择呢？

没有哪个行业比哪个行业更高尚，只有哪个行业比哪个行业更被需要。

机会永远无穷无尽，塞翁失马，焉知非福？

商学院的考试题

某商学院有一道考试题,非常非常难,那就是:什么情况下,你会开除你的合伙人?

刁钻吧?很多人觉得没法回答。

其实不是的,我们要仔细审题,人家已经在拼命暗示你了,眨眼睛都快眨到抽筋了,很多人还是没有察觉。

关键点在哪儿?"开除"这两个字。

你为什么可以开除他?因为你的裁决权在他之上。

那什么情况下要开除他呢?当他威胁到你的裁决权,当他威胁到你对整个系统的控制的时候。

很多年轻人不知道一个真相:所有的企业家都是独断专行的,无一例外。

你可能会说,不对,我们公司就不是。老板特别开明,我们都是扁平化管理，简洁高效，老板大胆放权，大家畅所欲言。

年轻人，这叫"规则"。可规则之下还有一层规则，那叫"元规则"，元规则才是重点。也就是说他得先给你讨论的权利，你才能讨论，他得先给你发挥的空间，你才能发挥。而元规则，是要老板定的。

手段都是表象，目的才是核心。如果集权可以达到更好的效果，你的老板依然会毫不犹豫地采用。

为什么互联网经常扁平管理？不是因为老板开明，而是因为激发效率是第一位的。为什么销售圈经常跳集体舞？不是因为老板保守，而是因为精神控制是第一位的。这两个老板，原本就是一个人。

在公司的架构、策略、方向上，一定是由老板来定，他定了最大的框架之后，才会把一些小的板块分配给你。有了大的框架，你才可以按自己的想法往格子里填东西。

所谓"放权"，只是在框架之内的放权。就好像一个导演让演员去自由发挥，不是说导演不知道怎么拍，而是他更清楚，这一段让你自由发挥，整个电影才会更好看。

他建立了元规则，你才有在规则层面发挥的空间。

任何时候，老板一定要保证对企业的绝对控制权，整个航船才能不迷失方向。在框架性的问题上，老板一定要比任何人都懂，也一定要拥有比任何人都高的裁决权。

至于航行过程中,谁来调整桅杆,谁来负责打舵,谁来清理甲板,这些全都是可以放权的。

他可以求贤若渴,挖来一位顶尖的舵手,他也可以把半条船的收益都分给他。但是千万别忘了,他也有开除舵手的权力。

任何老板都是独断专行的,无一例外。

任何最高裁决权出问题的公司,一定是要触礁的,无一例外。

关于加班那些问题

加班是坏事吗?

任何事情都不能用好和坏来衡量,只能说多了一个加班的权利是不是坏事?如果是多了一个权利,那当然不是,因为你可以选择不加班。

可是不加班的话,钱就少了呀!

一分劳动,一分收获。"狼性文化"挣得多,"养老院文化"挣得少,一个人可以选择自己喜欢的方式,是愿意拼搏,还是愿意养老。

不是,我是说加班了,但没给加班费。

没给加班费你可以告他。但是得注意一点,核桃带皮卖和去皮卖是一回事,如果说带皮卖水分太多,那去皮卖就得涨价。加班的话月薪2万元,就等于不加班月薪1万元,加班按双倍工时给。

不是，我是说他钱给少了，我做得很辛苦。

抛开情绪看事实，如果真给少了，为什么不离职呢？恰恰是因为别的公司都给不了这么多钱。

辛苦和报酬没有直接关系，有很多辛苦得多的人，38℃高温下搬砖的民工，面朝黄土背朝天的农民，每一个都比空调间的白领更辛苦，却没有他们挣得多。一个人的贡献不是由他自己说了算，否则每个人都可以说，我的贡献值100万元。一个人的贡献由他的竞争对手说了算，是同样一份工作，别人愿不愿意接受这个价钱。

如果别人愿意用更低的钱来做，价格不就压低了？

那得问一下这个人，为什么愿意用更低的价格去做？因为他更需要这个工作，他也有找工作养家糊口的权利。

可这样的话，大家不就恶性竞争了？

竞争不是一维的，一个能力稍差的人，想在收入上超过别人，最有力的武器是时长。限制了时长，他就永远不可能超过能力更强的人。兔子对乌龟说，我休息你也得休息，那乌龟就永远也赢不了兔子。

可公司这么竞争下去，报酬不就越来越低，加班不就越来越久？

说反了，竞争越多，收入只会越高。加班多，是因为企业还不够多，争抢员工还不够激烈，待遇报酬还不够高。竞争足够多时，要么工作时间少，少到你轻松惬意；要么加班工资够高，高到你无法抗拒。

其实很多人弄反了，企业的胜出从来不是靠加班，而是靠效率。如果拼时间就可以赢，那做企业也太简单了。你去看，所有比拼人力的行业都已经被机器取代得差不多了。这个无关善良，仅仅是因为机器效率更高，价格也更便宜。事实上，那些加班多的行业，恰恰是收入更高的。看一下毕业生最愿意去的公司，就知道大家在用双脚投票。

可是企业有很多无效加班啊！

是不是无效加班，不是员工说了算，而是市场说了算。不喜欢的事情之所以还要做，就是因为不喜欢的部分已经给过钱了。如果觉得加班无效，如果觉得一定会被市场淘汰，那就应该果断离开。

可是如果不停地这么加班，到老了怎么办？

这不是加班的问题，这是线性思维的问题。就算不加班，就算干着"985"的工作，还拿着"007"的工资，也不过上浮1.7倍，依然解决不了养老的问题。市场经济下，任何工作都不可能稳定一辈子，任何一个老板都不可能用你一辈子。如果一个人的养老出现问题，那不是加班加出了问题，而是人生规划出错了。

从来没有一个富人是靠加班变富的。财富的跃升从来不是靠加班，而是靠判断、靠选择。

加班只是多了一个加速度的选择，他给了你一个用空间换时间的选项。有选项是好事，但千万不要愚昧到一辈子靠加班挣钱。

那不是加班的错，那是认知的错。

明星为何带不动货

明星为什么带不动货？明明有很多粉丝，一带货就翻车，卖得还没有网红的零头多。网上有很多商业分析，说了很多个理由。

看完之后，你把书一合，想重复一遍，唉，又不记得了，为什么呀？

因为那些都是细枝末节。没有抓到重点，才需要死记硬背。好的分析应该是直击本质，过目不忘，完全不需要记。

请问真正的关键点在哪儿？

在于人性。

千万不要小看这个词，所有的商业都是围绕人性展开的，这几乎是一个公理。

明星为何带不动货？因为人性自私。

回想一下，大家为什么会喜欢明星？因为喜欢他的电影，因为喜欢他的歌,然后呢?没有然后,就是喜欢。

我买你的东西,是因为我喜欢你,愿意为你付费。

注意这个词:为你付出,它是一种人性的单向付出。

而这种单向付出一旦遇到金钱的考验就出问题了,最明显的就是单价上不去。比如,像杰克逊这个级别的明星,都只能带动单价很低的商品,卖个海报、卖个CD,几十美元,没问题。但你要说出一个杰克逊的汽车,几万美元,那不好意思,我先去隔壁看看。

中国的摇滚教父在2013年出了一款个人主题的定制手机。设计上具有浓浓的个人元素,应用上内置其全部作品,包括音乐、相册和视频,硬件配置也是主流,而且只卖3000多元。结果,销量极度惨淡。

你这么爱他,为什么几千元钱都不肯出呢?

不好意思,超过我单向付出的极限了。

为什么明星带不动货?因为用户并不信任明星,用户并不觉得他卖的东西好,用户只是喜欢他的歌,顺便支持一下他的产品。

我只喜欢听你的《无所谓》,至于其他的,都无所谓。

而网红为什么能疯狂带货?也是因为人性自私。

用户对待网红和明星完全是反过来的。对网红,用户做的不是付出,而是索取,是占便宜。我喜欢你,不是因为你歌唱得好,也不是因为你舞跳得好,而是因为我相信你可以帮我省钱。我是为了对自己好，才去关注你的。我是为了让自己占便宜，才去买你的东西的。既然是占便宜，那就多多益善，买得越多，省的钱就越多。在我占便宜的同时，顺便还能支持你，那这个单价就没有上限。我不是对你好，我只是对自己好。

所谓"主播的铁粉"，本质上是价格的铁粉，只是卖这个低价的刚好是你。如果是别人，他们也一样喜欢。

你稍微贵一些，马上就会流失客户。我那么支持你，你还想着占我2元钱便宜，粉转黑。

一切都是回归到人性上的。

明星带不动货，是因为用户在单向付出，对你的爱是有上限的；网红带货很牛，是因为用户在变相索取，自己占便宜越多越好。

但凡遇到解不开的结，多想一想人性，就会豁然开朗。

怎样减少退货差评

怎么可以减少退货?怎么可以减少差评?不论你是做线上店铺还是线下开店,一定会遇到退货和差评。

你当然可以说,我努力改进。但是你得知道,改进是一个无底洞,从来没有完美的商品,你改得再好,也一定会有人能挑出毛病。

所以我们讨论的是,如何在不做任何大改的前提下,用最小的代价来减少不满意呢?

记住了,四个字:感情投入。

比如,一个卖衣服的,每卖一件衣服他就给顾客寄一个宣传单,上面这么写:"亲,您买的每一件衣服,我们都会向贫困山区捐赠一笔钱,帮孩子们加一顿肉。"然后多放几张捐赠的合影,最好放个二维码,一扫就能看视频。背景音乐就是《让世界充满爱》

之类的，然后下面再写："虽然我们是一家不起眼的小店，虽然我们只是平凡的普通人，但是我们希望可以尽微薄之力让世界变得美好一些，感谢像您这样的衣食父母，让我们在养家糊口的同时，可以再给世界多一点温暖。日拱一卒，功不唐捐。我们替这些孩子们向您说一声谢谢，愿您一生平安！"

这个时候，"咔"的一声，道德就劫持上了，一下就把他抬高了，没梯子他下不来。就这样硬生生地把一个普通的购买行为，变成了一个捐赠行为，境界瞬间被抬高好几个档次。

这个时候如果顾客想退货，就等于把放到碗里的肉再夹出来。人家孩子谢谢都说完了，他再给夹出来，他下得了手吗？

一般人都受不了这个"套路"。只要不是太过分的质量问题，基本都不会退货的。

当然，店家得真捐，不能骗人。其实没多少钱的，而且三方受益。

孩子们吃上了肉，店家减少了退货，顾客赢得了尊重。

质量可能有点小瑕疵，但是你给了他一个在其他地方完全得不到的感觉，效果奇好，退货率坠崖式下降。

同样的道理，有些商家会换个方式，他们会聘用一些弱势群体，然后告诉顾客，有些环节是他们做的。尽管这些员工身体不便，但他们想自食其力，靠双手来养活自己，只是做得还没有那么好，所以可能会有瑕疵。如果您觉得有问题，请您及时联系我们，我们一定帮您解决好。

你看,多巧妙,一下就把客户和商家的纠纷,变成了客户和弱势群体的纠纷。客户可以底气十足地跟商家谈退货,可是没几个人能和弱势群体较真。人家靠这个养活自己,你要求那么苛刻,良心过得去吗?就不能宽容点吗?一般的客户,基本上是能不退就不退了。

所以,你知道为什么很多做传销的、做微商的,都特别喜欢搞慈善吗?不是去贫困山区送温暖,就是去聋哑学校陪孩子,有的甚至做长期的定点帮扶。

就是为了感情投入。

你觉得我们面膜不好,可是我们在帮孩子啊;你觉得销量造假会心虚,可是我们在帮孩子啊;你觉得拉人气有负罪感,可是我们在帮孩子啊!

"帮孩子啊",学会了吗?这些减少差评的方法,才是真正把"套路"玩到出神入化的地方。

互联网为什么寡头多

为什么互联网的寡头特别多？

比如，打车就是某滴，外卖就是某团，买东西就是某宝、某东，短视频是某音、某手。

为什么相比于线下，互联网更容易出现这种巨头呢？背后的经济规律又是什么呢？对我们的投资决策又有什么帮助呢？这一篇我们来讲一讲。

先说线下，比如同样一袋大米，门口的小卖部卖 20 元钱一袋，但是市中心的大超市卖 19 元钱一袋。

同样的一袋米，便宜 1 元钱，你会去大超市买吗？

不会，因为你得考虑距离，考虑时间，考虑路费，考虑排队情况。这些加起来，远远比那 1 元钱要多，所以除了退休老奶奶，时间廉价还有免费的班车，才值得折腾一圈省那 1 元钱。也就是说，尽管大超市的东西更物美价廉，但是考虑到物理空间、时间、精力的折价，它未必有优势，因为交易成本太高。

所以线下的超市，是大小超市并存，小超市的生存空间，就是客户和大超市交易成本的距离。

但是在互联网上，这个距离瞬间被抹平了，交易成本几乎被砍到零了。你去一个小网站买和你去一个大网站买，操作是没有任何区别的，都是要打开手机点几下，都是选择商品然后点击付款。

这种情况下，大小网站就被拉回同一起跑线，小网站丧失了交易成本的优势，面对1元钱的差价毫无还手之力，大网站就拥有了压倒性的优势。而网站越大，规模效应越强，边际成本越低，商品价格就越便宜，它的市场规模也就越大，所以互联网就特别容易出现这种寡头效应。

这说明了什么？交易成本。当交易成本越来越低，集中度必然越来越高，任何领域都不例外。

我们是在讨论互联网吗？不，我们在讨论房子，在讨论为什么三、四线城市的房子不能买。

这背后的逻辑，也是"交易成本"，具体一点，就是交通的方便程度。而高铁，就是这个分水岭，它极大地降低了交通成本，加速了城市之间的分化。

以前坐火车得一天一夜，现在几个小时就到了，交易成本急剧降低，那么大城市的优势就会凸显，就会有越来越多的人涌入大城市，争夺稀缺的优质资源，反映在房价上，就是越来越贵。

而三、四线城市正好相反，很多城市通了高铁之后，反而流失了很多人才。没有了人口和产业支撑，就更缺乏吸引力，反映在房价上，就是有价无市或者逐渐下跌。

这是一个客观规律，它可以变化，但是不以人的意志为转移。

所以，你如果面临是在老家买房子，还是在一、二线城市买房子二选一的时候，一定要选后者。

钱只有一笔，选择只有一次，千万不要和趋势作对。

直播带货未来在哪儿

我们做个预测，预测一下直播带货的未来在哪儿？

只有预测到趋势，才能利用趋势赚钱。

很多人看到直播赚钱，就一股脑儿地冲进去了。等等！你的方向错了。直播带货是能挣钱，但你这样冲进去是挣不到钱的，因为晚了。

就好像拦截导弹，你瞄准现在的位置没用，等你赶过去，导弹已经不在那儿了。想打中，你就得往前瞄，就得预测轨迹，知道它下一步会怎么走。

直播带货也一样，你得了解经济规律，看好趋势，站在风口，然后等风来。

那怎么做呢？以史为鉴，你只要去参照历史，就可以很清楚地预知直播带货的未来。

具体一点，我们看汽车。20年前大家买车，主要诉求是车，只要它有四个轮子，只要它能开起来就行，至于这个车舒不舒服，有几个气囊，后排能不能跷二郎腿，副驾驶带不带化妆灯，统统都不重要。只要是个车就行，那时候你买车只有三个选择：捷达、桑塔纳，还有富康。

再看如今，有110多个品牌1000多款车型，有人给你小牛皮，有人给你分区空调，有人给你座椅按摩，有人给你环绕音响……无数的选择，无数的配置，甚至同一款车，还有两种兄弟车型，选择困难症都要犯了。

为什么？因为要细分需求。在市场营销中，从来没有一个抽象的人，只有男人、女人、老人和小孩，每个人的需求都是不一样的。当汽车行业越来越成熟，就一定要往纵深发展，往细分行业发展，去满足每一个细分群体。

视角更广一点来说，我们看任何行业都是这样。只要持续发展，最终一定是延伸到无数细分领域，无一例外。

比如，门户网站新浪、搜狐，当年为什么火？

因为当年你能上个网就不错了，你打开一个美国域名就仿佛已经到华盛顿了，那个时候很多人甚至不知道网上冲浪是不需要带冲浪板的。那个时候你能摸到电脑，能打字，就已经无比幸福了，人生圆满，再无他求。

然后呢？然后新鲜劲儿过了，大家缓过神来了。女孩喜欢看美妆，男孩喜欢看摄影，年轻妈妈要看育儿，年轻爸爸要挑汽车，中老年群体要看养生。这个时候门户网站不是不可以满足，但是已经明显不够用了。

所以接下来是什么？垂直门户，如美妆门户、摄影门户、育儿门户、汽车门户，等等。

这个时候你就发现门户网站非常尴尬了，他们可以做每一个细分行业，但是每一个都做，就等于每一个都没做。力量一旦分散，每一个行业都不可能做精、做透。

这个时候，垂直门户的机会就出来了，如"宝宝树""中关村在线""汽车之家"，等等。

你去看"新浪汽车""搜狐育儿"，永远不温不火的。

所以，如果回到10多年前，你最好的机会是做一个细分垂直门户，这才叫瞄准了未来。

直播带货行业也是一样，你看到很多头部主播，李佳琦、薇娅这些，单场几十亿元，但是不足为惧。因为他们都是粗放型的，就是我什么都卖，我不仅卖口红，还卖尿不湿、自嗨锅、空调被、榨汁机、小龙虾、运动鞋、营养品……什么都卖。

可问题就在于，你卖的东西越多，品控就越难，IP就越稀释，定位就越不精准。

当消费者的需求越来越个性化，当他的时间越来越贵的时候，当他对直播带货越来越不敏感的时候，你就不能满足他了。

他想买牛排，那最好有一个牛排博主，全世界的牛排他都吃过；他想买红酒，那最好有一个红酒博主，全世界的红酒他都品尝过；他想买尿不湿，那最好有个育儿播主，全世界的尿不湿他都用过。

这才是真正的精准匹配，解决信任度，解决时间成本，解决了综合比价。

我买你的，是因为你在这个行业比任何人都懂，比任何人都能帮我省钱。我再也不需要去直播间等着你上产品，再也不需要花几个小时去碰运气。

消费者的时间很贵，而且一定会越来越贵。

如果你看好直播带货，那就找一个你最擅长的细分领域，现在，立刻，马上，开始准备。

上帝视角参透规则

这一篇这个话题会让很多人后背发凉,如果你足够强大,可以看下去。问题非常简单:为什么很多人短视频做不起来?因为他们缺乏上帝视角。如果你没有这个意识,做任何事情都可能失败。我们就以短视频为例,讲一个让你毛骨悚然的逻辑。

凡事要先倒推规则。做任何事情,要先把自己忽略掉,你是谁不重要,没有人在乎。你把自己变成一个平台,如果你是平台,怎么让作者不断地为你创造内容?答案是:要有好的激励机制。可什么才是好的激励机制呢?那就是一分钱不花,就能让人心甘情愿地去付出,完全不辞辛苦。请问你想到什么了?牌桌。

几位老人在一起打牌,一天从早坐到晚,腰酸、背痛、腿抽筋,也没挣到几个钱,无非就是来回倒手。但为什么他们可以坚持下去呢?因为激励机制,因为不确定性。

这源自人们基因里的设定,"不确定性"可以极大地激发一个人的热情,激活他心中好赌的欲望,刺激他一直做下去。

你要是真给每位老人一个月100元,让他每天坐在那儿,从早到晚,一天8小时,输赢无所谓,那就没人能受得了,尽管挣的比之前还要多。这就是因为它确定了,一确定,人的欲望就消失了,好赌的贪欲就消失了。它的性质就变了,变成发工资了,你给得再多,他也会麻木。所以想刺激一个人,想激活贪欲,就得靠不确定性。

我不知道是赢是输,我不知道赢多少,我不知道这次有多大,好刺激呀!这样才行。

好,那我再问你,如果你是平台,你会怎么办?

答案是:不定期的奖励。

同样的内容,同样的质量,我如果源源不断地给你流量,你反而会麻木。如果哪天少给一点,你都会骂我。

可如果不确定呢?如果你不知道这个内容会不会火呢?如果你不知道下一篇会怎么样呢?

在你要放弃的时候,我突然送一个大礼,一模一样的质量,但我就多分你一些,让你满血复活,无比期待。等你动力十足的时候,我再去刺激其他人。只要不定期地刺激一下,每个人就都会打满鸡血,每个人都会拼尽全力,每个人都想拿到下一份大礼。

遇到了，他们会更努力，没遇到，他们就更希望下次能遇到。

有人说，内容为王，好的内容才是王道。这叫"死读书"。你要知道，很多情况下，好坏没有明显的界限。你去搜"第一名和第三名"，真的有差距吗？

同样的质量，我既可以让你爆，也可以不让你爆。完全不需要催，他们自己就会把最好的东西呈现出来。有了好的内容，平台才能吸引更多的人。

任何时候，总流量是有限的，无论日活[1]是2亿人、3亿人还是10亿人，永远都是不够用的。以最小的代价激发最大的动力，才是不传之秘。

参透人性，才能领悟规则。

好，明白了这个，我再问你，反观自己的角色，你该怎么办？

答案是：持续更新。

因为平台是一定会给你奖励的，否则你就会流失，这是平台不愿意看到的。所以当你更新得越多，你离下一次奖励就越近，哪怕是同样的质量，它也一定会优先给你权重，让你爆。

懂了吗？

可为什么这么多人放弃？

1　日活：DAU（Daily Active User），日活跃用户数量。

因为他们太无知、太功利、太短浅,他们不知道平台的规则,不知道反推角色,甚至没有足够的耐心等到第一次奖励。

这样的人,做任何事情,都会一事无成,只是他们刚好踏入了短视频行业。

商业丛林法则

这一篇，我们讲一个商业丛林的暗黑法则。

经常有人说，挣钱难，挣钱难。

不对，挣钱可一点都不难。你觉得难，是因为你泯然众人，别人做什么，你也做什么，毫无差异，那就必然沦为挣辛苦钱。谁更辛苦那么一点点，谁就多赚那么一点点，大家都拼命讨好客户，都是各种辛苦，各种受委屈。

你想站着挣钱，客户都不给你机会。吃饭的时候来个生意，你想多吃两口再回复，马上就是一个差评。

想挣钱，后面这句话要读三遍，三遍不够，那就读三十遍：任何的规则，在设立的时候，都给那些绕过规则的人提供了巨额的利润。

如果没明白，我给你讲个真实的故事：当年减肥产品非常暴利，很多人在某宝上卖。但你也知道，经济规律永远有效，利润引来对手，对手又拉平利润。卖的人越来越多，竞价就水涨船高，渠道费一直贵到吞噬你所有的利润，最后大家都只能是在挣辛苦钱，行业一片混战，商家都叫苦不迭。当年为了避免出问题，某段时间甚至封禁了关键词，不允许搜索减肥相关的词语，商家更是一片哀号。

好，这么一片红海，你想挣钱，该怎么绕过规则？

答案是：换一个关键词——大码女装。然后把产品的介绍放到图片里面，那个时候审核还没有这么严格，OCR 识别[1]还没有这么成熟，很多人就靠这一个方式，赚得盆满钵满。

一招鲜，吃遍天。

"减肥产品"和"大码女装"，用户画像高度重合，你不让搜"减肥产品"，但是可以搜"大码女装"，买大码女装的，大都是有减肥需求的，客户群极度精准。别人还在那边厮杀的时候，他已经在这边数钱数到手发软。

有人说，被封号了怎么办？

商业只考虑性价比，只考虑封号的收益是否大于封号的代价。

---

[1] OCR 识别：是指 OCR 文字识别软件，是一种利用 OCR（Optical Character Recognition，光学字符识别）技术，将图片、照片上的文字内容，直接转换为可编辑文本的软件。

你知道他们当年赚了多少钱吗?

当然了,这个故事可以拿出来讲,一是它在不违法的前提下操作,二是说明它早就已经失效了。但很多人是第一次听说,很多人会惊得瞠目结舌,就知道他们和赚钱的差距有多远了。

大多数人为什么挣不到钱?因为深度根本不够。

第五章

房产实操

买房避坑的
实用指南

年轻人的第一套房

年轻人最容易犯的错误就是：勤勤恳恳上班，稀里糊涂买房。

想跌落阶层，没有比这个更快的了。

可年轻人就是容易犯这个错误，刚进社会，心高气傲，过于理想。

买房不着急，等我好好工作，有钱了，买一套好的。

别，你这么想，那就很可能一辈子也买不起。

财富的升阶，从来都不是靠加班，而是靠选择。

一步错，就会步步错。

月薪3000元，你再怎么拼命，把它提到6000元，也不会有任何本质上的变化。

你指望多挣钱凑首付，那纯粹是无知。永远记住这句话：劳动的回报率不可能赶上资本的回报率。

我有一个朋友，老想着多攒点钱，买套大的。名校毕业，春风得意，一心扑在工作上，结果完美错过了北京 2016 年的大行情。当时望京的房价才 3 万元 / 平方米，他嫌贵，没买，再买的时候就已经 7 万元 / 平方米了。大三居的首付，只能买得起小两居了。

他说，要不要再等等看，万一跌了呢？我说，我没事啊，看你。如果你觉得一居不挤，那你就等。

人生是个十字路口，往左还是往右的一瞬间，命运就已经定了下来。

当年他要是咬咬牙上车了，不管房价从 300 万元涨到 400 万元还是 500 万元，他要还的贷款是不会多一分钱的。不仅如此，他还可以预留一部分首付，分担未来几年的房贷压力。稍微等上三五年，他就会发现，房子更值钱了，工资也涨上去了，还贷压力也更小了。

还有比这更重要的事吗？

什么团队管理、优化流程、拓展市场，统统扔一边。公司不会陪你一辈子的，你老了，他就换人了。但是房子会，有多少人走投无路的时候，向亲戚、朋友都借不到钱，看透了世态炎凉，就是靠那一套房子，撑过了最艰难的那段时光。

工作的提升是线性的，但人生从来不是线性的。

你能力比我强，不重要，我干吗非在升职加薪上和你拼呢？

我在房子上超过你就好了。

人生最重要的事情，是做选择。

真正的勤奋，从来都不是一厢情愿地往前跑，而是赶紧停下来，瞧一瞧、看一看、想一想，有没有更高阶的方案。

你的跑步技巧再好，在别人买高铁票的那一刻，你就输定了。

不要说我现在买不起，你任何时候都买不起；不要说你现在钱不够，任何时候你的钱都不够。

10年前的房子是便宜，那是因为参照物是今天。当年买房的每一个人，都是咬牙上车的。

年轻人第一套房有什么建议？对于刚需，还能有什么建议？赶紧上车。

房贷利息等同本金

30年的房贷利息等同于本金,很多人是第一次知道。

也就是说,如果你从银行借200万元买房,连续还30年,最后连本带息加起来是多少? 407万元,200万元的本金,207万元的利息。这个还是按照2019年的数据,当时全国首套房贷利率是5.47%。如图5-1所示。如果更早一点,按照2011年的7.05%来算,连本带息是481万元,也就是利息为281万元,比本金还多了81万元。如图5-2所示。

你觉得这就完了吗? 不,还有更高的呢。如果你是2007年买的房,按当时的利率7.83%来算,连本带息是519万元,就是利息比本金还要多119万元。如图5-3所示。

一身冷汗,还的款里面居然有大一半是利息。

那请问你要不要贷款买房呢?

这个要分情况。

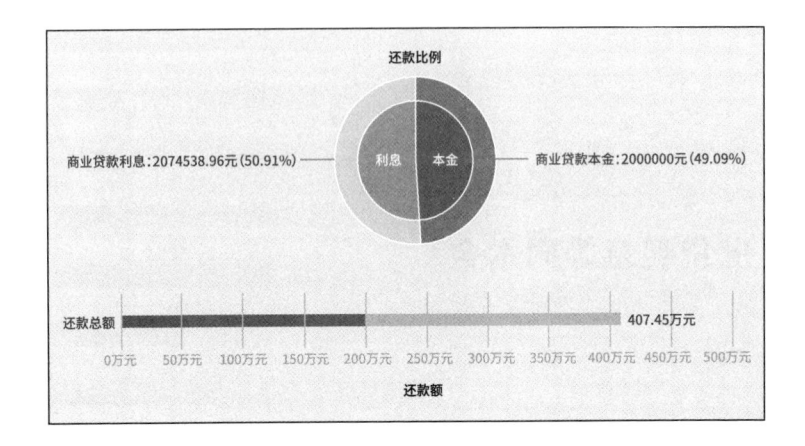

图 5-1

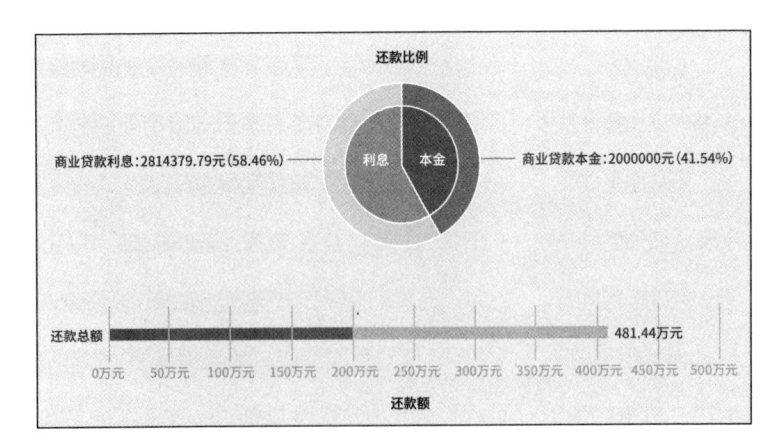

图 5-2

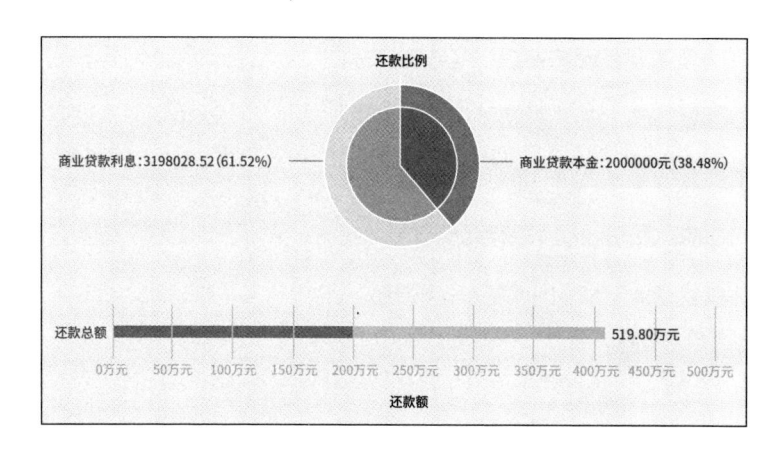

图 5-3

从今天往回看,肯定是应该贷款买。

因为在当年,上车是第一位的,只要你挤上车了,座位好一点、差一点,完全无所谓。

就算你按2007年的高利率,连本带息519万元来算,也是稳赚不赔。北京2007年的房价单价是1.5万元,现在是6万元了,2013年翻了4倍。300万元买的房子,涨到了1200万元,这还不算后面2017年的涨幅。

也就是说,在选对"标的[1]"的前提下,贷到款等于赚到钱。

如果物价涨幅12%,但是利息只有5%,就等于你每年可以躺赚7%,因为你的实际购买力增加了7%。凡事一定要看实利,绝不能只看数字。数字是多少不重要,数字能买到多少东西才重要。

---

1 标的:这里指房子。

但注意我说的前提，是选对"标的"。就是你别上错车，别好不容易挤上去，车开了才发现是返程票，那就麻烦了。这就是很多人今天会遇到的情况。

贷款买房没问题，但是贷款买错房就有问题。一旦你买错房，你贷款越多，你亏的就越多，哪怕它一分钱利息不收，你还是亏，因为房价在跌。

所以问题并没出在贷款上，而是出在"标的"上。

绝对不能买错房子，绝对不能上错车。

今天可不是 10 年前，10 年前你闭着眼睛买，都会涨。但今天你买错地方，就真的会砸在手里。我们观察房价，10 年前是大小城市一起涨，今天是大城市大涨，小城市不涨反跌。

为什么？因为人口流向变了。

今天是大城市净流入，小城市净流出。小城市被吸走人口，却没有办法补充人口，因为下面乡镇已经没什么年轻人了。

这就是所谓的"收缩型城市"，就是那些人口流失、产业衰退、闲置房产越来越多的城市。有 84 个城市，你可以在网上搜索"收缩型城市"的具体名单。这些城市是从 660 个样本城市中识别出来的，2016 年人口少于 2007 年且连续 3 年人口增长为负，如果在这些城市买房，一定要慎重考虑。

公摊面积怎么回事

100平方米的房子到手只有70平方米，购房者亏不亏？这一篇我们讲讲公摊面积。

先说公摊面积怎么来的。

这源于二十世纪五六十年代的香港，当时面临的一个问题就是，本来房价就不低，再把电梯和过道面积加到房价里，数字层面的单价就会上升，于是就出现了"公摊面积"，把公共空间平均到每家每户。比如，建筑面积有60平方米的房子，公摊了之后就变成了80平方米。这样的话，每平方米的单价在数字上就下来了，公共费用也随之按照公摊的面积平摊。

公摊面积包括哪些？电梯井、设备间、管道井、管理用房、公共门厅、过道、楼梯间、公共墙体、垃圾道，还有变电室，等等。

公摊系数是什么意思？就是公摊面积除以套内面积。比如，一套房子建筑面积是70平方米，套内面积是60平方米，那么它的公摊系数是多少？是10÷60 = 16%。这里面有一个大概的范围，一般7层以下公摊率为7% ~ 13%，7 ~ 11层公摊率为10% ~ 20%，12 ~ 33层公摊率为20% ~ 25%。

有人支持取消公摊。那么取消公摊对买房子有好处吗？未必。

首先，取消公摊并不能降房价，就好像180厘米改为1.8米并不能降低身高一样，任何的计价方式只是在数字层面的变化，建筑面积1万平方米，套内面积就是1.2万平方米，完全是一回事。其次，取消公摊也不一定能降低物业费，尽管设备间、变电室、地下室也是要算取暖面积的。但取消了公摊，单价可能就涨了。最后，取消公摊可能导致重要信息丢失，因为公摊并不是越小越好，尽管表面上公摊越低，得房率越高。但过低的公摊意味着舒适度打折，比如两梯四户和两梯两户，前者得房率高，后者舒适度高。

公摊面积的最大问题是它容易产生一个作弊空间，因为公共空间你是没法拿尺子量的，导致开发商有较大的操作余地。

其实对于购房者来说，公摊面积最大的作用是提供一个判断维度。你把建筑面积和套内面积结合起来去考察这个房子，数据就会立体很多。

比如重庆就是这样，它一直是同时有套内面积和建筑面积。

这样的话，购房者不仅可以看出实际面积是多少，也可以通过公摊面积判断得房率和舒适度。

这才是公摊面积真正有价值的地方。

公寓自住有哪些坑

我买房的目的特别单纯,就是自住,完全不图挣钱。

那种地铁口、精装修、不限购的复式 loft 公寓,单价只有住宅的 6 折,能不能买?

不能。

很多人之所以动心,是对公寓的坑一无所知。

他们从来没告诉过你这十个问题:

第一,它并不便宜,因为它从来没有告诉你得房率的问题。比如,建筑面积是 64 平方米,使用面积可能只有 38 平方米。公寓得房率很低,一般只有 60% ~ 70%。而普通住宅在 70% ~ 80%。换算一下就知道,远没那么便宜。

第二,杠杆有限。首套住宅首付 30% 左右,贷款年限 30 年,可以商贷也可以公积金贷款;但公寓首付至少 50%,而且只能商贷,年限只有 10 年，有的城市还要求必须全款。

第三，时间成本高。普通住宅通常两梯六户，但商业公寓动辄一梯十几户，平面图一般是这样的（见下图），密度大到让人窒息。你看房的时候通常都不是高峰期，住进去才发现上下班可能得等 10 分钟电梯。

第四，鱼龙混杂。商住公寓是办公与住宿的混合体，买的人不住，住的人不买，人员混乱流动性极大，你不知道隔壁什么时候就变成了钟点房，不知道对面什么时候就变成了养生馆，也不知道楼上哪天就改成了轰趴馆。

第五，不通燃气。很多地方做饭只能用电磁炉。有些公寓甚至没有市政供暖，取暖得靠空调，你需要时刻紧闭门窗，外加一个电暖气才能勉强维持温度。

第六，商水商电。水电价格远高于民水民电，按照一年用水 250 吨，用电 3000 度来算，商水商电会比民水民电高 2000 多元。你住得越久，用得越多，总成本就越高。

表 5-1

民电 VS 商电

大部人用电在这个区间

居民用电价格		
分档电量	用户每年用电量	电价（元/度）
一阶梯	0~2880	0.4883
二阶梯	2881~4880（含）	0.5383
三阶梯	4880 以上	0.7883

居民用电价格	
分时	电价（元/度）
尖峰	1.5295
高峰	1.4002
平段	0.8745
低谷	0.3748

第七，层高鸡肋。买一层送一层当然好，但他绝对不会告诉你层高只有4.5米。除去中间隔板的厚度，一层就只有2.3米，二层也就只有2米。这样就导致楼上一层的空间极度压抑。5.5米的不是没有，但价格完全是另一回事。

第八，日照时间短。很多人买的时候是期房，直到住进去才第一次知道，原来朝北的公寓是几乎24小时都见不到阳光的。想投诉？不好意思，因为产权不属于住宅，所以它不用遵守住宅的日照要求。

表 5-2 住宅建筑日照标准

建筑气候区划	Ⅰ、Ⅱ、Ⅲ、Ⅶ气候区		Ⅳ气候区		Ⅴ、Ⅵ气候区
城区常住人口（万人）	≥50	<50	≥50	<50	无限定
日常标准日	大寒日				冬至日
日常时数（h）	≥2		≥3		≥1
有效日照时间带（当地真太阳时）	8~16时				9~15时
计算起点	底层窗台面				

第九，隔音问题。如果你还在抱怨隔壁孩子夜里弹钢琴，那你可能还没见过公寓的隔音问题。因为定位和结构的差别，公寓的隔音效果远远不如住宅。随便搜一下，就是各种奇葩的噪声投诉：撕个泡面，按个开关，甚至打个呼噜都能听到。

第十，通风问题。你在家一开心吃了顿火锅，却发现房间里一星期都是火锅味。公寓的通风很差，再加上阳光不足，你可能需要空调＋抽风机＋烘干机三管齐下，才能维持基本的生活质量。

很多问题如此隐蔽，不住进去，是根本不会发现的。而且这还不算落户问题、税费问题、流动性问题，每一个都足以让你怀疑人生。

买了，住了，后悔了，想转手了才发现，没人接盘了。

千万不要碰公寓，自住也不行。

长租公寓为何爆雷

长租公寓为何爆雷？因为很多公寓做的不是出租生意，他们做的是资金盘的生意。

什么叫"出租生意"？就是我用 3000 元钱租下来一套房子，然后分别租给三个人，每个人我收 1200 元，多出的 600 元就是利润。或者我装修一下，租一个溢价，挣一个辛苦钱。这个叫"挣出租的钱"。很传统，很稳妥，但是也很慢。

能不能快点呢？

能，一分风险一分收益，看你想用多少风险换多少收益。

这就是"资金盘生意"，3000 元收过来，2500 元租出去。给房东多交钱，可以收更多的房子。给租客更便宜，可以找更多的租客，这样就可以不停地抢占市场。

可中间亏了的 500 元怎么办呢？

见过抛绣球吗？普通人两只手，你只能拿住两个球。但高手可以3个球来回扔，让一个球永远停在空中。更厉害一点的人可以抛4个球、5个球、6个球，要点在于让它们循环起来，只要让后面的接上前面的，就没有问题。

一套房子是亏500元，但我收租客的钱是按年收的，一年30000元，而给房东的钱是月付的，一个月3000元。再减去亏损的500元，每收一套房子就有一个2万多元的资金池，只要房子源源不断地进来，资金池就不会枯竭，就可以补贴更多的房子。

可租客不愿意年付怎么办？有租金贷。你贷款30000元，然后一年还清，一个月不也是2000多元嘛。

对于租客来讲，即使通过租金贷，月租依然比市场便宜，所以依然有足够的客户。

更进一步来讲，这些都是有收入的年轻人，都是体面人，优质用户，如果把租约债权做一个资产证券化，打包成ABS[1]在资本市场出售，操作一下，现金流就会更加强劲。你就可以收更多的房子，签更多的租户，带来更强的现金流。

可万一失手了呢？

一共就两只手，你抛的球越多风险就越大，一旦失手就会连

---

1 ABS：资产担保证券，也叫资产支持证券，是由受托机构发行的、代表特定目的信托的信托受益权份额。

环爆雷。

一旦爆雷了,谁来买单呢?

对于租赁公司来讲,它是一个有限责任公司,我注册资金100万元,亏完了就和我没有关系了;对于第三方放贷的公司来讲,你拿这个钱干吗跟我没关系,但这个钱你一定是要还的。

买单的是房东和租客。

房东理论上可以拿到钱,可一旦公司破产,就一分钱也拿不到;租客理论上可以住一年,可一旦项目爆雷,就要被房东赶出去,不仅如此,还得继续还剩下的贷款,惨上加惨。

成本不会消失,它只会转嫁到弱势的那一方身上。

一定要有基本的商业和金融常识,否则你就是那个弱者。

房产证该写几个人

如果有人温柔地问你:"唉,我妈说,咱们看中的那套房子,结婚前能不能写上咱俩的名字啊?"

你应该斩钉截铁地说:"不能。绝对不能。"然后一把拉住她:"如果你需要,我可以再给你买一套,但是绝对不能写两个人的名字。"

因为这是一个常识:任何时候,房产证能写一个人的名字,就尽量不要写两个人的名字。

如果你们是单身男女,一定尽量要婚前用掉首房首贷,这是普通人唯一可以享受到低首付、高杠杆、低利率、低契税等各种实惠的机会;唯一普通人可以用尽量小的力量,撬动尽量大的房子的机会。

首房首贷如此珍贵,一旦错过,就没有第二次。能在婚前用,就一定不要在婚后用。

结婚后是以家庭为单位的,原本两个人是两个家庭,两个首房首贷资格,一结婚,就等于自动放弃了一个。如果是婚后买房,无论房子加不加另一个人的名字,都是你们夫妻的共同财产。而且就算你写两个人的名字也不见得是一人一半,因为出资方可以保留出资证明和转账记录,这样的话就只有增值部分夫妻才能分割。

所谓"两个名字",纯粹是个安慰剂。越不懂,才越有安慰效果。

如果房产证只写一个人的名字,未来很多和房产证相关的手续你一个人去办就行。可一旦写了两个人的名字,原本不需要那么麻烦的事情,会立刻复杂几倍。

万一真遇到什么问题,想再改回一个人,可就得脱几层皮了。真是加名容易去名难。

你想婚内更名?可以啊。

但是更名有个几乎无法跨越的门槛,就是房子要在没有任何抵押和债务的前提下才可以。通俗来讲,就是你得先把贷款还清,才可以操作更名。

可悖论就在于,为什么很多人要贷款买?很大可能是因为凑不齐全款。

你要是真的想尽各种办法凑齐全款更名了,又意味着白白浪费了首房首贷。好不容易首付3成买了套200万元的房子,更个名要填回去140万元。再买第二套就得首付6成，利率不仅没有任何优惠，还得上浮10%～20%。

所谓"一步错，步步错"，就是错了之后才发现，连买涂改液的地方都没有。

一定记住这个忠告：能在婚前买，别在婚后买；能上一个人的名字，别上两个人的。

房本要不要加孩子的名字？

如果你爱孩子，就千万不要在房本中加孩子的名字，这是一个极其低级的错误。

很多人一激动，就把孩子名字加进去了：你看，宝贝的名字也在上面，多温馨。

你这是害了孩子。

第一，最大的问题，是它会影响孩子的购房资格。没有人会一辈子和父母住一起，他一定会组建独立的家庭，一定要买自己的房子。

买房子最重要的指标是什么？是首房首贷。不加名字的话，孩子是有首房首贷资格的，他可以享受更低的利率，更好的政策，更大的杠杆，更少的还款。你一加名字，全没了，首套直接变二套，首付直接翻一倍。孩子原本可以买套120平方米的房了，一加名字，少买30平方米；原本可以月还8000元，一加名字，要多还

1000元；原本可以首付80万元，一加名字，要再多交80万元。从趋势上看，未来限购、限贷会越来越严格。以北京为例，名下哪怕有百分之一的房产，银行也认定你是二套。

第二，会多交契税。房本加了孩子的名字，孩子如果在当地卖房再买房，契税是要算二套的。一般来说，首套契税90平方米以下是1%，90平方米以上是1.5%。如果被认定二套，就直接是3%的契税。也就是买套200万元的房子，光契税就要多交4万元。

第三，变现困难。房子是什么？它是一个金融产品，是一个家庭最后的经济防线。没人能保证自己永远不缺钱，万一家庭遭遇问题或者生意遭遇变故，就得先把房子抵押或者卖了救急，等有钱了再买回来。可一旦加上了孩子的名字，就会异常麻烦，需要监护人证明出售房子是为了未成年子女的利益，比如，是为了给孩子看病或者读书用，一旦用途不是这个，很可能会导致房产无法变现。

第四，多交房产税。假如很多年后房产税真的全面出台，免税面积很可能是一个重要参考因素。如果孩子和父母共有1套120平方米的房子，就等于孩子名下有40平方米的房产，很可能会分摊他的免税面积。比如，已经开征房产税的上海，是有一个60平方米的免税面积，超出的部分要征收0.6%的税费。

第五，财产纠纷。无数的家庭因为财产分配反目成仇。有些父母在买房时就一个孩子，把名字加到房产证上，后来生二胎后却没有加上二胎的名字，这些都是以后的矛盾和隐患。

第六，继承权纠纷。万一婚后发生意外，配偶是可以争夺财产的。因为从法律上讲，配偶也是第一顺序继承人，有权继承婚前财产，包括与父母共有的那部分，哪怕房子是父母出资购买的，只是写上了子女的名字而已。

如果你爱孩子，就千万不要在房本中加孩子的名字。

选房的重点是什么

为什么我的房子楼层、户型、朝向、采光都精挑细选，结果需要钱的时候卖不出去？挂了半年没人问，偶尔来几个买家，聊了几句又没下文了。请问哪里出问题了？

"框架"，是框架出问题了。

选房的重点是框架。

楼层采光、小区环境、户型朝向当然重要。但这些都是细节，它们的价值取决于一个更重要的前提，就是你一定要选对框架。

细节是锦上添花的，是牛排上面的胡椒。

只要选到上好的牛排，经过了上好的烹饪，端上桌之后，撒一点点胡椒，才有价值。牛排不好，撒再多胡椒也没用。

很多人选房，谨小慎微，事无巨细，其实那些全都是胡椒，真正重要的，是牛排。

有了正确的框架，才能谈正确的细节。

第一，最大的框架就是国家，选房子绝对不能选错国家。在通用的国民经济统计中，买房是投资，而投资看的是未来，买房意味着你看好这个国家的未来，你相信它的增长潜力。你看世界上的其他国家，有这种经济体量的，没有这么快的增速。而那些经济增速快的，往往又没有这么好的稳定性。

如果你只有一笔钱，打算买一套好的房子，千万不要去海外购房，千万不要考虑欧美，千万不要考虑东南亚。无论房子看起来有多心动、多漂亮、多面朝大海，永远记得，中国，是最好的选择。

第二，是选城市。

你希望未来增长潜力大，你希望辛苦一辈子的钱能够跑赢通货膨胀，那就一定不要碰三、四线的房子，尤其是现在。之前你买了还没关系，因为那个时候是大、中、小城市都有人口流入，人口红利在持续，城市化进程在持续。乡镇的要去县城，县城的要去市里，市里的要去省城，所以你闭着眼睛买都不会亏。

但现在不一样了，人口增长越来越慢，城市化率越来越高，交通也越来越发达，大城市虹吸越来越强，这就导致很多三、四线城市被吸走人口，却没有办法补充人口。因为它们下面的乡镇已经没有什么年轻人了，就算有，人家也更愿意去大城市。

未来，三、四线城市的房子空置率一定会越来越高。你买了之后，除非自住，否则转手会越来越困难。可悖论就是，自住的话，为什么不租一个呢？空房这么多，租金还这么便宜。

第三，是选地段。一定要知道，买房不是买那点钢筋水泥。钢筋水泥不值钱，位置才值钱，钢筋水泥可以复制，地段没法复制，优质资源没法复制。买房的核心是买地段，土建成本都很便宜，房子之所以贵，是因为地段贵，因为稀缺的资源贵。

你想要好地段，那房子就破。你想要新的房子，那地段就差。

钱永远只有一笔，永远是地段和新旧二选一，答案当然是选地段了。

千万不要被外表蒙蔽，永远要记得，世界上最不保值的，就是新。

选对了国家，选对了城市，选对了地段，就选对了框架。这些，才是选房的重点。

至于细节，有时间，你就精挑细选；没时间，就算闭着眼睛挑，都不会出错。

买房子的十个误区

买房子的十个误区，想亏钱，没有比这更容易的了，尤其是最后一个，很少有人意识到。

第一，不要自己喜欢什么就买什么，买房子是投资，不是消费。再说一遍，买房子是投资，不是消费，租房才是消费。CPI 为什么不包含房价？因为任何一个国家都把买房定义为投资，哪怕你自己住，也是投资。所以一定要选对一个好的资产，看市场喜欢什么，认可什么。你可以不卖，但是千万别在需要钱的时候，才发现卖不出去。

第二，不要为溢价付费，尤其是"新"。钱要花在刀刃上，房子再漂亮，钢筋水泥也不值钱，房子再新，你卖的时候也是二手房。

第三，不要买商铺。商铺是定向收割中产家庭的，只要带"商铺"两个字的一律不要碰。无论是三、四线还是一、二线城市，无论是超低总价还是临街旺铺，无论是售后返租还是无条件回购，碰都不要碰。再说一遍，碰都不要碰。碰一下，毁三代，一旦你买了，这辈子都不可能再回本了。不信的话，你就看看汉正街的商铺，当年的"天下第一街"，现在怎么样了？你们老家的商铺再好，能比它们好吗？不要和趋势作对，不要和互联网作对。

第四，不要买公寓。无论看起来多像住宅，多吸引你，都不要买。一旦你买了，住进去你会后悔，卖的时候你会更后悔。一定要记得：房屋的性质是由它的产权来定的，一定一定要看产权。不是穿裙子的就是女孩子，苏格兰的男人也穿裙子。只要产权证上写的是"商业用地"，碰都不要碰。不要想着占便宜，你觉得便宜，只是因为你看不到风险而已。

第五，不要看重房子的装修，买房没有一见钟情。如果这个房子一眼就让你心动不已，八成是遇到了高级的PUA（搭讪艺术家）。买房也有PUA的，专业的售房技巧中一个顶尖的套路就是"化妆房"。你喜欢开美颜的主播，没问题，打赏就行；你喜欢高大上的装修，没问题，给钱就行。那些敢素颜见你的，才是能让你捡到便宜的，那种墙上的油污都没擦干净，个别地方还有一只死麻雀，才是朴素到不能再朴素的房东，朴素到完全没心眼儿，自己开口子让你砍价。但凡稍微收拾下，他也能多卖几万元，你说还有比这更好的事吗？凡事要看实利，房子的所有因素当中，最不值钱的就是装修，但这也是最能搞定用户的。

第六，不要提前还房贷。无论你是等额本息还是等额本金，无论你是商贷公积金还是混合贷，都不要提前还房贷。不要算计利息那点小钱，而是要看到被通货膨胀稀释的那个大头。存款，是银行在求你；而贷款，是你去求银行。而求人的时候，都是在占对方的便宜，你好好想想这个道理。除了房贷，还有谁会以这么低的利息借你这么多钱？贷款的重点是对冲通货膨胀，贷款等于锁定利率，无论物价怎么涨，无论工资怎么涨，你的还款都不变。再说一遍，都不变。

第七，尽量别买四、五线城市的房子。永远要记得：房价低，不等于没泡沫。它之所以便宜，是因为没有人，没有人是因为没有吸引力，而没有吸引力，就会进一步导致没有人。比如，你想盖个医院，如果连基本的就医人口都满足不了，它就很难盖起来，而越盖不起来，就越容易流失人口。不要看它现在便宜，未来它会更便宜。很多乡镇现在已经没什么年轻人了，有些小学甚至已经关停，将来谁买你的房子？而且很多城市会建新区，新区会吸走人口，新区有卖不完的新房。如果不是折价卖，谁会要你的二手房呢？

第八，不要买25年以上的老房子，房子不是今天买、明天卖的，就算你置换升级，最快也得五六年才行，那时候就30年了。一旦超过 30 年，贷款就很受限制了，有些银行甚至已经停贷。就算客户能全款买，他在卖的时候也得考虑下一任买家，这样你的目标客户将大幅减少。如果是在一线城市还好一点，毕竟有足够的刚需支撑。如果不是，那就尽量别碰。

第九，不要幻想一步到位。买房不可能一步到位，人生没有一步到位的。买房最重要的是"上车"，千万千万别错过列车。先上车，再去换座位，没有卧铺你就先买硬座，坐到半夜再去问问能不能换。大城市买房就像春运，幻想一步到位，那你这辈子都赶不上火车的。

第十，不要困在既定思维里，买房要通盘考虑。如果你在一个三、四线城市长大，那你所有的选择都会默认在这个城市。可问题在于，如果你的选择面困于这个城市，那无论怎么选，大概率都是错的。有机会一定去市里或者省城看看，无论是将来孩子上学还是工作，都好有个准备。不要想着毕业了再买新房，那时就不一定能买得起了。不要想着毕业了再去卖房，那时就不一定能卖得出去了。

买房时应警惕的幻觉

买房子的第一个、也是最大的幻觉就是:我喜欢这套房子,将来一定好卖。

别高兴得太早,因为你忽略了一个最基础的经济学常识,买房到底是投资还是消费?我再问你一遍,买房到底是投资还是消费?我们不讨论多套房子的情况,就讨论一个普通家庭,现在没有房子,他需要从0~1买第一套房子,而且自己住、不出租,请问是投资还是消费?

有人说,那指定是消费啊!第一,他不卖;第二,他自住;第三,他也不租。

不对。

就算是这种情况,买房也是投资。

这不是我说的,如果你有疑问的话,买一本经济学的书,或者查看一下国民经济的统计数据，仔细看看买房这一项，到底是计入投资还是计入消费。

世界上没有任何一个国家，把买房计入消费。比如我们国家，CPI物价消费指数是不包括房价的，因为买房不是消费。什么是消费？租房，租房才是消费。

消费是短期的，而投资是长期的，消费是亏损的，而投资是增值、保值的。

你租套房子，2000元钱一个月，钱花了，就没有了，消失了。这个叫消费。

但你买房子自己住，100万元的房子涨到120万元，请问你当年多少钱买的？-20万元吗？

你仔细想一个问题：100万元买辆车，开10年，30万元卖出去，能接受；100万元买套房，住10年，30万元卖出去，能不能接受？

你可能不一定盼着它涨，但是你一定不希望看到它跌；你可能不指望将来卖掉它挣钱，但是你一定不希望该卖的时候却卖不掉；你可能不认为它是一个资产，但是你绝对不希望住30年之后只能卖个残值[1]。

你确定一辈子不会急用钱吗？你确定一辈子不需要置换升级

---

[1] 残值：是指在一项资产使用期满时预计能够回收到的残余价值，也就是在固定资产使用期满报废时处置资产所能收取的价款。

吗？首付都跌没了，你确定还能还30年房贷吗？所谓"不考虑卖"，彻彻底底是个谎言。

明白了买房是买资产，我们就引出了一个更重要的问题：买什么样的房子好？

要解决上面的问题，我们要先问这个问题：消费和投资有什么区别？

消费是让自己爽，我喜欢什么就买什么；而投资是反人性的，是冷血无情的，是市场喜欢什么，经济规律喜欢什么，才应该去买什么。

用自己的喜好代替市场的需求，大概率是要栽跟头的。

你喜欢它的喷泉，到时候可能不出水了；你喜欢它的物业，到时候可能换人了；你喜欢它的大理石，到时候可能斑驳不堪了。

钱只有一笔，一定要花在刀刃上。

所有新的东西、美好的东西，都是保质期极短的。你需要把钱花到一个保质期久，不会折旧甚至还越来越贵的因素上，那就是地段。

为了更好地居住，确实应该买更好的房子，但是钱只有一笔，永远没有"一步到位"。如果你希望未来可以置换到更好的房子，你希望升值、保值更快，那么你要放在首选的就是地段。

任何缺点都可以人工弥补，唯有地段不行。

潮湿一点，可以解决；通风差点，可以解决；阳光不足，可以解决。但你问在六环买了套房子,能不能给我搬到二环去?抱歉,解决不了。

永远记得,买房就是买地段。懂得取舍,才是大智慧。

第二个需要警惕的幻觉是:买房千万别想着抄底,有这个想法的,赶紧去洗个冷水澡。

买房不是买股票,买房不是追涨杀跌。买房是解决刚需,是押注一个城市,和这个城市一起成长,锁定未来的衣食住行、工作、医疗、教育、养老。

所以最重要的是什么?

是上车。

就像春运时候的火车票,买到才是第一位的,而不是去计较,这个时间有点早,我还没吃晚饭呢。

买和不买,是两个世界。上车和没上车,也是两个世界。

因为赢和亏,是不对等的。

比如,你身家1000万元,我跟你说,来,猜个正反面,赢了我再给你1000万元,输了你全部家当给我。

请问你敢不敢玩?

当然不敢了。因为虽然数量上都是1000万元,但是输赢的结果是完完全全不对等的。

赢了,不过多了1000万元,车子从7系换成迈巴赫,房子从

200平方米升级到300平方米，也没有提升多少。可你万一输了，那全部家底就都没了，现在就得搬去地下室，明天4点半起来挤公交，肚子收一下，再收一下，好，关门，走。这绝对不行。

所以，只有当回报悬殊的时候，才值得一试。比如你赢了，我给你1000万元；你输了，你给我1000元，那可以试试。

房子就是这样，不要老想着贪小便宜。为了贪小便宜，你说我下个月买，能不能再省个五千、一万元的？

那点钱根本不重要。

买和不买，是两个世界。买了，就算没选好，稍微贵一点，也不过是多等几年，时间换空间，反正你要自己住的，大方向没错就行。可万一你没买，错过了、踏空了，没找到最低点，它涨了。那可就傻眼了，再想买，你可就不一定能够得到了。之前咬牙挤出了几百万元都已经是极限了，万一涨了，又得多出几十万元，你该怎么办？是咬咬牙继续凑，还是三居直接降两居？哪一个都能让你后悔半辈子了。

做事，一定要掌握主动权，哪怕多花那么一点点，换取主动权，也是值得的。

买了，主动权在你；没买，主动权在别人。

房子换成钱，很容易；钱换成房子，困难重重。

不要老想着踩中节奏能省多少，要多想想踏空节奏要亏多少。

要不要全款买房

永远不要全款买房。

要么你就别买，买，就一定要贷款。

全款买房是对经济学的无知，这至少犯了4个致命的错误。

第一，白捡的便宜不要。

那些不贷款的人坚持认为，银行赚了他们的钱。这就是典型的认知错误，银行借给你钱，它是亏的，再说一遍，银行借给你钱，它是亏的，因为这些利息是跑不过通货膨胀的。5%的利息，几乎就是白送，1元钱一个的大包子，过两年就涨到1.5元了，你自己算算涨幅是多少。从购买力上讲，你借到的越多，银行亏的就越多。银行借给你钱，从来都不是图你的利息，银行赚钱靠的是利差。就是哪怕利息很低，哪怕只有5%，哪怕跑不过通货膨胀，只要银行的成本更低就行，它赚的是这个差价。银行挣钱是靠相对值，而不是靠绝对值。银行 2% 的利息收进来，5% 的利息借给你，银行赚 3%，旱涝保收。这才是关键，不是让你当房奴去给银行打工的。

那些嘲笑房奴的，请仔细想想，20 年前买了房子的人和 20 年来没买房子的人，到底谁应该嘲笑谁？

更进一步地讲，银行为什么能给你这么低的利息呢？因为房子是个优质资产，你只有通过房子，才能拿到这么低的利息。贷款是一面"照妖镜"，资产好不好，看看贷款利息，看看贷款额度就知道了。你换一个其他的，要么利息高到你不能接受，要么成数低到你觉得没有必要。

有贷款不去贷，就是有便宜不去捡。

第二，降低了容错率。

你手里有 300 万元，如果全款买一套房子，那就一分钱不剩了。而如果你首付 100 万元，贷款 200 万元，相当于你保留了 200 万元的流动资金，随时可以调用。换句话说，贷款给了你一个向下兼容的权利，主动权在你手里，你可以随意支配这 200 万元，资金困难可以周转，遇到问题可以应急。就算你用不到，也可以提前还款。可一旦你把它全部放到房子里，就等于锁住了，你要再贷出来，可就没有那么容易了，容错率就会大大降低。

现金流是生命，你要是真急需用钱，就得把房子给折价卖了，你说你亏不亏？

其实房贷如此便宜，以至于你买个理财、加个房租，几乎都能抵扣利息了，完全轮不到提前还款。

同样都是拿到房本，同样都是你的名字，多留200万元在手里，随时想用都可以用，不好吗？

第三，和大趋势作对。

大趋势是什么？是通货膨胀难以避免，是人力的价格、资产的价格都在不停上涨。你要是做生意的，就感受一下原材料的价格；你要是上班族，那就感受一下菜市场的价格。

都在涨。

但通货膨胀有一个好处，它会减轻负债。就是你从银行借了200万元出来，你到时候是不需要还200万元的。按照折现率算一下，可能只需要还100万元，另外100万元，是别人帮你买的单，因为他们的购买力缩水了。

很多人盯着数字，说连本带息要好多钱。那都是错觉，你换成猪肉就好理解了。

1950年，100元 = 135斤猪肉；1990年，100元 = 21斤猪肉；2020年，100元 = 3斤猪肉。

你看，换一个参照系，明明白白。

借100斤猪肉出来，30年之后只还20斤，那80斤你留着吃，请问是不是好事？不就是这么个道理吗？数字本身毫无价值，对应的购买力才有价值。

从时间上来讲，越往后，对贷款的人就越有利。因为随着时间的推移，房价会稳步上升，你的工资也会稳步上升，这样你的还款压力就会越来越小，小到可以忽略不计。

但是你一旦全款，就等于把这些优惠全扔了。平时买个衣服，满100减20元，算得比谁都清。但买套房子，几百万元的总价，居然稀里糊涂的，你说图什么呢？

第四，放弃了更好的居住环境。

300万元当然可以全款买套100平方米的房子。但这是最优解吗？当然不是。

为什么不能让房子更大一点呢？为什么不能买套170平方米的房子呢？让客厅大一倍，房间多几个，让老人有自己的卧室，让孩子在客厅有个滑梯，就算你生二胎也不用担心没有保姆间。为什么要一家老小挤在100平方米的房子里呢？

而且一共也就300万元。你首付200万元，手里还能剩100万元，这100万元你可以用来还房贷。再加上你的收入，至少可以还10年。而10年之后，收入本身就已经可以覆盖房贷了，而且房子也已经远不是这个价了。

更进一步，老人在身边的，为什么不能给老人再买一套呢？婆媳住一起，难免有摩擦，小两口想亲热一下都找不到地方。你给老人买套 80 平方米的房子，老人家方便，小两口也方便，还能避免很多生活问题，干吗非要挤在一起呢?

全款买房，纯粹是无知。

买房远离九种类型

买房子,一定一定要避开这九种类型,绝对不要碰。碰一个亏钱,碰两个伤身,三个以上粉身碎骨。

第一,公寓。年轻人特别容易踩坑,公寓总价低、不限购,拎包入住、临近地铁,有的时候买一层还送一层。看完效果图,一激动,当场就交定金了。为什么年轻人特别容易踩到公寓的坑?因为他们接触的信息是这样:电视里面都是公寓,白领们都住在公寓里,白天在CBD上班,晚上回到公寓,冲杯咖啡,刷刷手机,看着窗外的灯火,轻松惬意,以至于年轻人会觉得这就是大城市的标配。买房一定要看本质,公寓就是定向"收割"年轻人的。宁可不买,也不要碰。具体原因往前翻。

第二,商铺。不要总想着一铺养三代,先看看实体店都被打击成什么样了。不要觉得自己眼光好,你眼光要真那么好,为什么不去做生意呢？为什么不去多挣20万元呢？为什么要挣那2000元的房租呢？

其实大多数人对选址一无所知，基本上选一个亏一个。好不容易高价买了套旺铺，过两年又被电商打击，就算你没亏，到时候也卖不出去，因为税费太高，商铺和住宅税费完全不同。你得完整买过、卖过一套商铺，才能建立一个基础的判断力。

更多时候，商家知道你懒，知道你连出租都懒得做，直接给你来个售后返租。告诉你租金刚好覆盖月供，十年之后白赚租金，每个月按时打款多省事，很多人一看这个就当场沦陷。你去看看那些返租的，有一个挣钱的吗？全都在问返了两年，又不给钱了该怎么办？所谓"租金"，不过是先提高房价再慢慢返给你，羊毛出在羊身上。出了事你才知道，原来买房子和租房子的是两个公司，找人都没得找。

第三，小县城的房子。趋势为什么重要？因为它可以轻易让你挣钱，也可以轻易让你亏钱。人口流动就是一个大的趋势，人口一定是往大都市集中的。比如日本，一共1.2亿人，东京都市圈就有3800万人，而且还在继续集中。你去看任何一个发达国家，城市化进程到最后，一定是这样，大城市会聚集资源，小城市会逐渐衰落。而我们国家的城市化才进行了60%，还有几十年的时间，如果你买了小县城的房子，将来想卖的时候，谁会来接盘？年轻人都在往教育更好、医疗更好、收入更好的大城市聚集，留守的都是老年人，请问你要卖给谁？

第四，旅游地产。旅游地产的核心在于新鲜感。永远要记得，喝一口可乐跟喝一瓶可乐是两个概念，乡村一日游和一辈子住在乡村是两个概念。你觉得好，是因为你从来没去过，所以全是新鲜感，所有的东西都无比美好，你还没来得及看到缺点，就已经离开了。旅游地产的目标是谁？就是游客。去一个别人觉得无聊至极的地方，买了一套当地人根本不想要的房子，高点接盘还觉得无比稀缺，指望着将来可以高价卖给下一个人。告诉你，别做梦了。想买旅游地产，最好先离开大巴和旅游团，独自去问问周围的二手房是多少钱收的，看看还有多少楼盘正在盖，再看看有多少二手房折价都卖不出去。他们的今天就是你的明天。

第五，养老地产。养老不是青山绿水，青山绿水没法养老。要知道人均寿命最长的地方，并不是青山绿水的地方，而是经济最发达的地区。最好的养老地产是在大城市，在商业和贸易最发达的地方，是医院和医疗技术水平顶级的地方，是生活服务最便利的地方，是离子女最近、最方便的地方，绝对不是几百千米外一个熟人都没有，连最近的医院都得坐半个小时公交的地方。老太太要真喜欢鸟语花香，你带她去京郊一日游嘛，长城脚下住两天，泡泡温泉、按按脚，不好吗？

第六，环大城市。比如环京、环沪、临深。具体一点，比如北京周边的燕郊、大厂、北三县，上海周边的昆山、太仓、嘉兴、启东，深圳周边的惠州、珠海、中山等。99%的情况下，环大城市都不要碰，城市发展是有速度限制的，通勤距离也是有极限值的，超过极限距离几乎就没有价值了。环大城市最大的可能是把你套住，比如当年北京限购之后，周边城市跟着限购，燕郊房价暴跌一半，政策风险几乎不可控。就算是纯居住，也不是一个最好的选择，来回四五个小时，不是一般人能受得了的，而且还会影响你在大城市的购房资格，得不偿失。

第七，远郊新盘。最好的房子是什么？是想象中的房子。很多北漂特别喜欢买远郊，这个和经历有关。很多人辛辛苦苦几十年，从小县城来到大城市，终于站稳脚跟了。每次过年回家，父母都扬眉吐气，儿子是在北京工作的。结果用一辈子积蓄买的房，又破又旧拿不出手。亲戚过来住两天，说一句，看来大城市是真不容易啊。听得你心都碎了。怎么可以买这种房子呢？绝对不行。这个时候远郊新盘就出现了，你不是要新吗？你不是要面子吗？我们这有。你看，这喷泉，这大理石，这装修，怎么样？一定要知道，买房要看实利的，买房是买地段，不是买钢筋水泥，不是买喷泉，不是买大理石的。钱只有一笔，一定要花在最抗跌的地方，一定要花在最保值的地段上。

第八，海外购房。海外购房，巨坑无数。资产没到5000万元，完全没必要考虑海外。我们就说最基本的，房价反映的是对未来经济的预期，选房子就是选基本面，你只有看好这个国家的基本面，才会在这里买。而中国，就是最好的国家。你去对比任何一个国家，有这么大经济体量的，没有这么快的发展速度。你看欧洲，很多是零增长甚至负增长。而那些发展速度快的国家，又没有这么好的稳定性，你看看一些东南亚国家，会出现各种不可控的状况。没有了稳定，资产就毫无价值。而且"异地作战"，极度消耗心力，万一有点什么纠纷，你真要坐飞机过去打官司吗？

第九，农村的小产权。小产权，在市场上交易本身就是不合法的，不受法律保护。小产权只能在本村内部流通，不能卖给本村以外的人。如果你想买小产权，后期这个房子拆迁或者业主想把这个房子要回去，他是可以随时收回的。拆迁不会给你任何赔偿，你也没什么办法。买小产权的房子，最大的风险就是，你的房子并不是你的。你要真需要住，特别喜欢，签一个长期租赁协议就好，千万不要去买。

买房，一定要参考这九个因素，不踩坑，就已经超过99%的人了。

房子买错了怎么办

房子买错了怎么办？

这种问题就像在问，受伤了怎么办？

你得分清楚是什么伤，是皮外伤还是骨折了。皮外伤涂点碘伏就行了，骨折了，那就得赶紧去医院。

房子买错也分情况，你到底是细节错误，还是框架错误？

细节错误没影响，只要你等一等，所有的细节错误都会被时间抹平，比如户型不太好，朝向不满意，一楼有点潮，采光不太足，都不是问题。

但如果是框架错误，就得伤筋动骨了。上一篇中我们讲过九类坚决要回避的住房，具体原因说得很清楚了。

你说我已经买完了才看到，该怎么办？

答案是：不好办，真不好办。

首先，你得知道，之所以称之为"坑"，就是得让你疼，就是得让你伤筋动骨一百天，上个厕所都得有人扶，那才叫坑。你要是涂点碘酒就能解决，那就不叫坑。

其次，进一步的问题是，踩坑了怎么办？

只有一个解：卖。

直接卖，赶紧卖，割肉也要卖，自己花钱打广告也要卖，想办法多给佣金也要卖。长痛不如短痛，快刀斩乱麻，赶紧处理了，免得夜长梦多。早一点出坑，就早一天止损。一定要卖出去，绝对不能留在手里。有人愿意要，赶紧卖给他。

你说那不是坑吗？

不对。所谓的"坑"，是对你而言。不同的阶段有不同的认知，你之前坚定地要买，是因为你觉得它好，现在你坚定地要卖，是因为你知道它不好。别人也一样，也有处在你当时认知的时候，也有想要这种房子的人。有的人就想买个公寓收房租，就想买个商铺养三代，就想买个海景看潮涨潮落。

不同的人有不同的容错度，有不同的喜好。

你不喜欢，那就买你喜欢的。他喜欢，那你就卖给他。

千万不要说我等一等，等它涨回来。

不。它未必能涨回来，你得看趋势。比如，你买个商铺，生意越来越差，店铺越来越衰败，你等多久也涨不回来，所以你要做的就是赶紧卖，亏钱也要卖，不要等，越等亏得越多。就算你运气好，它真的涨回到之前的价格，也没有任何意义了。

很多人盯着那个数字，我当年多少钱买的，我就必须那个价格卖出去，卖不出去我就等，这是非常愚蠢和短视的。

过去的选择，是沉没成本，是你收不回来的。你当前的真正成本是机会，是其他机会，是其他房子。你的代价是现在不买其他房子，将来会涨得更高，并且可能会让你彻底买不起。

你真正要对比的，是新老两个选择的加速度。

哪个快，你就选哪个，这才是聪明的人。

房东跳价该怎么办

房东跳价应该怎么办？说好的 300 万元，协议签完了，定金也交完了，突然跳价 20 万元，卖你 320 万元，请问你该怎么办？

听我的，不要打官司，不要打官司。再说一遍，不要打官司。打官司是下下策。书生特别喜欢打官司，你看，合同里面这么规定的。你去找律师，律师一定说，打，你肯定赢。

不对。你要真打，你就输了，而且会输得更多。

因为真正的输赢，根本不是那 20 万元，而是机会，是转瞬即逝的机会，是赶上列车的机会。

人生在世，最重要的是看清利弊，分清权重，拨开浮云，抓到实利，绝不仅仅是图一个虚名。

如果你真打官司，会有什么结果？我帮你分析下：要么你打赢了，判定把房子过户给你，还是按原价。这个是最理想的，但实际概率非常非常低，因为也要考虑房东的利益，人家也可以不卖，人家也可以赔你违约金。你说一定得过户，还得原价过户，概率太低了。

最有可能的是你打赢了，但是只能拿到一笔违约金。双倍赔偿，你交了10万元的定金，到时他赔你20万元。还能怎么样？不就这么个结果，律师费还得你自己出，几千元钱肯定是拿不回来了。更现实的是，你要真和他打官司，未必有这么顺利的，一审他败诉了，但他可以上诉，他可以和你拖，来来回回两年过去了，到时候房子还是那个价吗？你是拿到20万元了，你能干吗呢？而且就算你赢，他给钱也未必那么痛快。如果遇到一个不讲理的，死活就往后拖，再拖个一年半载，你该怎么办？

其实这还算好的，最怕万一中途出个新政策，你买不了了，你该怎么办？让他再赔你一个购房资格吗？开玩笑。

你说如果我要多给定金呢？比如20%。多给没问题，会有作用，至少会有震慑作用，但也不是100%有效。因为实际的案例当中，赔偿的金额未必达到40%。你想要300万元的房子，赔你120万元，没有那么容易。

其实房东一旦跳价，怎么折腾，你都很难赢。你真正要做的，是找一个对自己最有利的方案。

首先，你得分析他为什么要跳价，因为市场大概率是在上升期，如果你打官司，你最大的成本就是不断上涨的房价。定金你暂时拿不回来,还要花时间和精力找律师准备资料。最大的风险就是,你会进一步踏空,而买房最怕的就是踏空,尤其是在上升期踏空。

其次,你要知道,在他跳价的那一刻,你最大的成本已经不是违约金了,而是机会成本。就是你再去找别的房子,已经没有这么便宜的了,可能会吃更大的亏。

所以你的最大权重是买,不要置气。房东之所以敢跳价,之所以不怕多赔你钱,是有另一个和你一样的购房者,他愿意出到这个价。而你要做的就是尽快抢到他前面去,尽快把房子过户了。

贵一点就贵一点,框架没错就行,千万不要被细节缠住。

将军赶路,是不追小兔的。

所以最好的方案是,加钱。但是加钱也是有技巧的,他让你加20万元,你没必要真加20万元,你得尽量还价,毕竟是他违约在先。先晓之以情,动之以理,你理解我,我理解你,差不多就行了,要不就10万元吧,我也痛快,你也痛快,剩下的那点钱,真没必要去打什么官司,来回折腾,你不也耽误事嘛。早拿钱比什么都强,没问题我就加10万元,咱们下午过户去。只要他一点头,马上就去过户,不要说你下午还要开会,全部推了,就今天下午,立刻,马上去过户。

不要恋战,不要有情绪,不要抠书本。把握权重,速战速决,才是聪明人。

提前还款最佳时间

提前还房贷，什么时候最合适?

这个得分情况，得看你是等额本息还是等额本金，是贷 20 年还是贷 30 年。

如果你对数学头疼，那就直接记结论，一共三点：

第一，如果你是等额本息，已经还了三分之一，就没有必要提前还，因为已经过了一半利息了。

第二，如果你是等额本息，还款到了中期，也没必要提前还，因为之前已经支付了大部分的利息了。

第三，如果是等额本息 30 年，那就第 8 年还清最合适。等额本息 20 年，第 6 年还清。等额本金 30 年，第 7 年还清。等额本金 20 年，第 5 年还清。

如果你周围有朋友要还房贷，一定要把这篇文章给他看。想坑谁，你就给谁看。注意，不要给他看后面这些话。

因为我们从现在开始讲真相，刚才讲的，都是网上流行的说法，从第一条到第三条，全是错的。

为什么错？观察世界是要考虑权重的，任何一件事情，可能有一万个影响因素，但真正起作用的，往往是最关键的一两个。你不把握那一两个，分析再多细节都没用。

就如同有一天大家在一起讨论池子里的水怎么越来越少了。

有人说是因为蒸发，水会蒸发，所以越来越少；有人说是因为温度，热胀冷缩，所以越来越少；有人说是因为角度，上宽下窄，所以就越来越少。

直到有一个人大喊一声："谁把下水道的塞子给拔了？"

其实那个塞子，才是最大的权重。就算有蒸发、有温差，相对于塞子而言，全都可以忽略不计，这才是研究世界的正确方法。

房贷也是一样，无论是等额本息还是等额本金，第几年还，都是鸡毛蒜皮。忽略了最大的权重，再怎么算，都是错的。

请问最大的权重是什么？通货膨胀。

全球都处在一个通货膨胀的环境，这点利息的差别在通货膨胀面前不值一提。

20世纪80年代的万元户，拿着一辈子的积蓄，纠结于到底是存25年一个月返19.8元,还是存30年一个月返30.25元的时候,他再绞尽脑汁,再想选出一个最优解,也毫无意义。

回报,是要看实物的。存100斤猪肉,取出来105斤,这才是正回报。数字毫无意义,数字对应的购买力,才有意义。你能吃到多少斤肉,才有意义。

所谓"提前还款"的问题,本质上等同于当年的万元户在纠结选哪个保本理财的问题。

明白了这个,我们再说真正的答案,真正的答案是什么?是"标的",取决于你的标的。

无论是等额本金还是等额本息,无论是还30年还是20年,都不重要。你房子有没有买错,才重要。如果你选错了标的,买了之前我说的九种类型的房子,那就现在、立刻、马上还款,因为越往后,你就亏得越多,不是利息让你亏,而是标的让你亏。你辛辛苦苦还了几十年房贷,最后发现房子变成白菜价都没人要,这才是最痛苦的。

如果你没有选错标的,你选的就是一、二线城市的核心房产,是普通的住宅,不是乱七八糟的类型,那就不要提前还款。在选对标的的情况下,负债是保护财富,是别人替你给通货膨胀买单,是你向银行借100斤猪肉,只需要还20斤回去。

这种情况下提前还款,就等同于送我这80斤我不能要,要不退给你吧。没有这样的。

真正的钥匙,在别处。真正的答案,是"标的"。